# 调查问卷设计与处理分析

## ——Spss与Excel实现

◉ 丛日玉　编著

中国统计出版社
China Statistics Press

**图书在版编目(CIP)数据**

调查问卷设计与处理分析 ：Spss 与 Excel 实现 / 丛日玉编著. —— 北京 ：中国统计出版社，2017.11(2020.8 重印)

ISBN 978－7－5037－8425－5

Ⅰ.①调… Ⅱ.①丛… Ⅲ.①问卷调查 Ⅳ.①C915

中国版本图书馆 CIP 数据核字(2017)第 282040 号

调查问卷设计与处理分析 ：Spss 与 Excel 实现

作　　者/丛日玉
责任编辑/梁　超
封面设计/李雪燕
出版发行/中国统计出版社
通信地址/北京市丰台区西三环南路甲 6 号　邮政编码/100073
电　　话/邮购(010)63376907　书店(010)68783171
网　　址/http://www.zgtjcbs.com/
印　　刷/河北鑫兆源印刷有限公司
经　　销/新华书店
开　　本/710×1000mm　1/18
字　　数/260 千字
印　　张/12.25
版　　别/2017 年 11 月第 1 版
版　　次/2020 年 8 月第 2 次印刷
定　　价/38.00 元

# 序　　言

随着数据革命的到来，各行各业都在广泛应用调查来搜集、记录、整理和分析数据，为科学管理和科学决策服务。

本书主要针对调查的各个环节，结合众多社会经济中的调查案例，设计五章内容，系统地介绍调查方案设计、调查问卷设计、调查数据处理、调查数据分析、调查报告的撰写等内容，同时结合 Spss 和 Excel 软件进行数据录入、整理和分析，认真吸取国内外调查领域的最新理论成果和实践经验，在不乏调查理论介绍的同时，更具较强的实践应用价值，这也是本书的特色所在。

本书的编写汲取了前人的研究成果，在此表示感谢。编者力图对调查各个环节涉及的知识结合事例进行完美呈现，做到语言通俗易懂，既有理论介绍更注重实际操作，通过实例让读者更加容易迅速地掌握调查的程序及操作，但由于水平所限，书中难免有疏漏或不妥之处，欢迎广大读者提出宝贵意见。

编　者

2017 年 11 月于成都

# 目　　录

# 第一章　调查概述

统计学是搜集、整理、分析和解释数据的一门方法论科学，是认识世界的有力武器，是人们认识客观世界、探索数据内在规律的一种工具，是管理者进行科学管理和科学决策的一门艺术。其中，调查是统计学的一个重要组成部分，调查研究活动被广泛应用于自然科学、社会科学和人文科学的各个领域，大到国家重大政策的制定，小到寻常百姓的日常生活，几乎都离不开调查。

## §1.1　调查的概念与作用

### 1.1.1　调查的定义

毛泽东同志早在20世纪30年代初，为了进一步弄清中国的富农问题和城市商业状况，解决党在土地革命斗争中的路线问题并制定正确的工商业政策，正确指导土地革命，就开展过大规模的社会调查活动，最著名的就是寻乌调查，在此基础上提出了“没有调查就没有发言权”的著名论断。他个人不仅高度重视调查工作，自己亲自作过大量调查，还十分注重调查机构的建设，设立相应部门和单位负责调查研究工作，负责国内外政治、军事、经济、文化等方面信息的搜集和分析工作，为科学决策服务。

调查是指运用科学方法，有目的、系统地搜集、记录现象相关信息的全过程，甚至有时还要涉及到后期的统计整理和分析。调查是一项专业性较强的工作，需要统计学、会计学、经济学、数学和管理学等学科的知识作为支撑。

### 1.1.2 调查的作用

调查的基本作用就是认识作用，其是认识事物的重要方法，只有客观准确地认识事物，才能更好的掌握事物和改造事物。因此，调查在全世界范围内被广泛应用，前面提到我国20世纪30年代开始，政府方面就开始专门设置机构部门来负责统计调查，虽然市场调查发展起步比较晚，但发展至今，随着企业需求的不断增多，市场调查领域也迎来了高速的发展。

调查是各级领导了解情况的基本方法，作用发挥好，可以成为领导者的“千里眼”和“顺风耳”；调查是各级领导分析社会经济问题的工具，是进行科学决策的依据。所以中国当代经济学家、教育学家、人口学家马寅初指出：“学者不能离开统计而究学，实业家不能离开统计而执业，政治家不能离开统计而施政”。这充分说明了调查在经济社会发展和国家管理中的作用。

调查不管在宏观的国民经济与社会发展方面，还是微观的企业发展方面都发挥着重要作用，具体体现为信息、咨询、监督等功能。信息是按统计调查制度搜集的规范且系统的信息，是覆盖面最广、综合性最强的信息，因而是社会经济信息的主体，是党政机关和企事业各级领导了解情况、研究问题、进行科学决策和管理的重要依据；咨询是指统计调查机构和相关人员利用已经掌握的丰富信息，运用先进的技术手段和科学的方法，深入开展综合分析和专题研究，为党政领导和有关部门提供各种决策咨询，对科学决策和管理发挥着重要作用；监督是指统计调查机构和相关人员根据统计调查和分析，从总体上客观地反映国民经济和社会运行状态，以及企业生产经营等情况，并对其进行全面、系统的定量检查、监测和预警，以便各级领导及时采取措施解决运行中出现的问题或偏差，促使社会经济协调发展。

## §1.2 调查的基本概念

### 1.2.1 调查对象、调查单位与填报单位

调查对象（调查总体）指根据调查研究目的，需要进行研究现象的总体，由

客观存在的、至少某种性质相同的许多个个别事物构成的整体。其中的个别事物就是调查单位(个体),是所要调查的具体单位,是调查活动所要搜集数据的承担者。总体中包含个体的数量就是总体容量,一般用 N 表示,根据 N 的取值可以分为有限总体和无限总体。例如:产品质量调查,调查单位是每单位产品,调查对象是全部产品;某市工业企业生产经营状况调查,调查单位是该市每一家工业企业,调查对象是该市所有的工业企业;大学生消费状况调查,调查单位是每位大学生,调查对象是所有的大学生,等等。

可以看出调查对象和调查单位明确了调查范围及向"谁"调查,调查单位可以是人、企业、产品或设备等客观存在任何事物。但有些调查单位可以具体提供数据,有些则不行,比如产品、设备等,此时一般还需要明确规定填报单位,即由"谁"具体提供数据,其一般是行政或经济上具有一定独立性的事物,填报单位与调查单位有时一致有时不一致。例如前面的三个例子:产品质量调查的调查单位与填报单位就不一致,填报单位应该是质检员或相应检测机构;后面两者的调查单位和填报单位就一致。有时因调查工作的实施层次不同,也会发生调查单位与填报单位不一致,例如:某学校的大学生体质状况调查,调查单位和填报单位一致,都是每位大学生。但全国大学生体质状况调查,由于范围大且多,实施困难,调查单位仍然是每位大学生,而填报单位此时则变为每所学校。

### 1.2.2 样本与样本单位

样本指抽样总体,是从调查总体中选出部分个体构成的整体,是调查总体的"子总体"。样本中包含个体的数量就是样本容量,一般用 n 表示。数理统计中一般以 30 为界限,分为大样本和小样本,样本容量大于 30 时称大样本,否则称小样本。抽样调查中,样本容量与总体容量之比被称为抽样比,一般用 f 表示,即 n/N。样本必须出自于总体,且任何一个总体可以抽取许多个样本,最终通过样本的数据特征推断总体。

### 1.2.3 数据的计量尺度和分类

在实施调查搜集数据之前,首先要对客观事物进行计量或测量,采用不同计量尺度对事物进行计量的结果就得到不同的调查数据,具体包括定类数据、定序数据、定距数据和定比数据。

定类数据是用定类(norminal)尺度计量的数据，用来反映事物某种属性特征的不同类别，类与类之间平等互斥，没有好坏、高低、优劣等区分，也无大小量上的区分，只有分类作用。一般是用文字、符号、图形等非数值来描述的，为了计算机的识别和方便统计处理，往往会使用数字作为代码表示，但并没有数值含义。例如性别这一人的属性特征被分为男、女两类，可以用 1 表示男，0 表示女；又如国民经济行业分类，两位数就代表大类、三位数就代表中类、四位数就代表小类。

该种数据是最粗略计量事物的结果，数据的数量性最低，只能用数学中的“＝”或“≠”来体现。一般只能通过频数统计分析来反映数据的分布，计量各类的频数和频率，从而用众数来反映事物的集中分布特征。

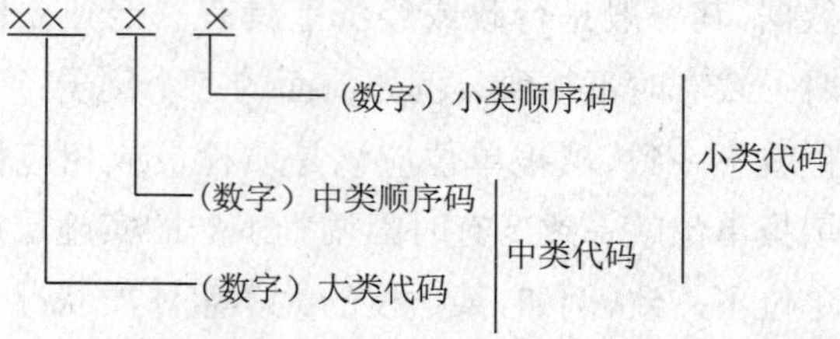


定序数据是用定序(ordinal)尺度计量的数据，用来反映某种属性特征在事物间的等级差或顺序差，类与类之间同样是互斥的，也无大小量上的区分，但不平等，类别间有好坏、高低、大小、优劣等区分。一般也是用文字来描述的，同样为了计算机的识别和方便统计处理，往往会使用数字作为代码表示，数字依然没有数值含义。例如人的受教育程度被分为小学及以下、初中、高中及中专、大学专科、大学本科、研究生等类，可以依次用 1、2、3、4、5、6 来表示；又如季节可以 1、2、3、4 依次代表春季、夏季、秋季、冬季；再如满意度可以依次用 1、2、3、4、5 来表示非常满意、比较满意、一般、比较不满意和非常不满意，等等。

该种数据除了能用数学中的“＝”或“≠”来体现，还可以用“＞”或者“＜”体现，也就是说不但可以分类，还可以有顺序之分。一般也只能通过频数统计分析来反映数据的分布，计量各类的频数和频率，不仅可以用众数还可以用分位数来反映事物的集中分布特征。

定距数据是用定距尺度(interval)计量的数据，用来反映事物某种特征类别或次序间的差距数量特征。一般用数值来表示。数值本身就能真实反映事物的数量特征，不需要代码表示。例如学生的成绩用多少分来度量；又如企业的利润用多少价值来度量等等。

该种数据的数量性很强，数据间分类、大小、差距都可以测量出来，不仅具有定类数据和定序数据的特征，还能够进行数据间"＋""－"运算，来测量差距。可以使用的统计分析方法很多，不仅可以进行频数分析，还可以进行描述性分析等，且反映数据分布集中特征中的众数、分位数和数值平均数都可以使用。

定比数据是用定比尺度(ratio)计量的数据，来反映事物某种特征类别或次序间的差距数量特征，还可以反映两个数据的比值。同样用数值来表示。数值本身仍能真实反映事物的数量特征，不需要代码表示。例如收入用多少价值来度量；又如产品的重量用多少千克来度量，等等。

该种数据的数量性与定距数据差不多，仍然很强，二者都是用数值表示，唯一区别在于能不能用变量值 0 来表示。定距数据没有绝对零点，变量值可以为 0，且表示 0 水平或者没有，比如学习成绩为 0 分，没有创造利润为 0 单位；而定比尺度度量的数据相反，有绝对零点，0 表示"没有"或者"不存在"，比如收入为 0 表示没有收入，产量为 0 表示没有生产这种产品，变量值通常不会出现 0 值。定比尺度度量的数据由于存在绝对零点，因此还可以进行数学中的"×""÷"运算。现实中大多数使用的数据都是定比数据。同样可以使用的统计分析方法最多，不仅可以进行频数分析，还可以进行描述性分析等，且反映数据分布集中特征中的众数、分位数和数值平均数都可以使用。

四种数据根据计量尺度的不同，数量性依次提升。在统计分析中，一般要求测量的层次越高越好，对数据进行处理分析的方法就越多。层次高的数据可以很容易地转化为层次低的数据，相反则不可行。比如定距和定比数据转化为定序数据，成绩由多少分计量变成优秀、良好、中等、及格和不及格五个等级；企业依据从业人员、营业收入、资产总额等指标或替代指标的多少标准划分为大型、中型、小型、微型四种类型，等等。

根据数据的属性不同，又可以分为定性数据和定量数据。定性数据包括定类数据和定序数据，其说明事物的品质属性特征，只能用文字、符号或者图形表示，不能用数值表示；而定量数据与定距和定比数据对应，具体表现为数值。

### 1.2.4 变量及类型

变量是说明事物某种属性特征的概念，变量具体的体现称为变量值，数据就是变量的具体表现。与数据的分类相对应，变量一般分为品质变量和数量变量，品质变量的具体表现就是定性数据，数量标量的具体表现是定量数据。例如：在前面部分提到三种数据对应的性别、行业类型、受教育程度、季节、满意度都属于品质变量，成绩、利润、重量属于数量变量。同样数量变量可以转化为品质变量，但相反则不可行。

数量变量一般按照变量值的取值特征不同，分为连续变量和离散变量。离散变量指变量的取值是间断的，一般以整数形式表示才有意义，通常以计数得到结果表示，例如：产品产量、人口数、学生数、部门个数等等；相反，连续变量的取值是连续不断的，任何两个变量值间理论上都可以无限细分，通常以测量得到结果表示，例如：成绩、利润、重量等。

品质变量和数量变量与很多教材中提到的品质标志和数量标志基本对应，同时，很多教材中提到的指标，在调查对象总体和调查单位（个体）发生变化时，也可以被称为是数量变量的一种。

### 1.2.5 抽样框与抽样单位

抽样框指包括了全部调查单位的一个框架，框架中可以具体到每一个调查单位，也可以是包含调查单位的一些子框架。因此，抽样框具体分为名录抽样框和区域抽样框两种。

名录抽样框，指具体到每个调查单位的抽样框。以全国大学生消费状况调查为例，名录抽样框就应该具体为每一位大学生的学号名单或其他识别名单，但是实践工作中很多时候难以做到。

区域抽样框，指包含调查单位的子框架构成的抽样框。以全国大学生消费状况调查为例，区域抽样框可以具体为全国的各个大学，或者各个地区的大学，等等，包含每位同学的一个其他框架。

又如：某日用品公司要在某地区进行产品的消费者调查，消费者总体虽然是有限总体，但分布在该地区的各行各业各个家庭中，只能实施抽样调查，此时建立具体到每一个消费者的名录抽样框是不太可能实现的，因此，一般先建立以街道办事处为基本抽样单位的区域抽样框进行抽样。

另外，名录抽样框有时候可以是具体存在的，也可以不具体存在。例如：产品的质量调查，在库房中的所有产品就形成了具体存在的抽样框，有时则是按照一定时间间隔在生产线上随机等距的抽样，此时的抽样框也不具体存在。

抽样单位，即构成抽样框的单位，根据抽样框的不同，抽样单位有时与调查单位一致，有时不一致，在名录抽样框中一致，在区域抽样框中不一致。

## §1.3 调查的类型

社会经济现象多种多样，根据不同的调查对象和调查目的，选择适当的调查类型是统计调查的重要课题。统计调查按照不同划分标准有很多类型，主要介绍以下四种分类。

1. 全面调查和非全面调查

按照调查对象包括的范围不同划分为全面调查和非全面调查。全面调查就是对调查对象的全部调查单位无一例外的进行调查，如普查；非全面调查则是对调查对象中一部分单位进行调查，如典型调查、重点调查和抽样调查。

2. 定期统计报表调查和专项调查

按照调查的组织形式不同划分为定期统计报表调查和专项调查。定期统计报表调查是依照国家有关法规，自上而下地统一布置，以一定的原始记录为依据，按照统一的表式、统一的指标项目、统一的报送时间和报送程序，自下而上地定期提供统计数据的一种调查方式。统计报表曾经是我国政府统计搜集数据的主要方式。专项调查是为研究某类问题而组织的一种调查方式，包括普查、重点调查、典型调查和抽样调查。

3. 经常性调查和一次性调查

按调查登记时间的连续性不同划分为经常性调查和一次性调查。经常性调查又叫连续调查，是随着调查对象的发展变化连续不断地进行调查登记，以观察总体现象在一段时间内的数量变化。一次性调查是间隔一个相当长的时间所作的调查，一般是为了对总体现象的一定时间上的状态进行研究。适用于研究那些短期内变动不大的调查对象。

4. 文案调查和实地调查

按调查搜集信息的不同分为文案调查和实地调查。文案调查，也称间接调查（桌面调查），指搜集二手数据的一种方法，即从他人调查整理的二手数据中获取所需样本或总体的数据，主要从有企业内部的某些数据或者相关公开发布的年鉴、期刊、网站等处获取数据。实地调查，也称直接调查，指通过深入第一线调查或实验得到数据，即需要搜集个体的原始数据，根据实施的方法不同，具体又包括观察法、实验法和访问法(入户面访、街道拦访、邮寄调查、电话调查、网络调查等)。

### 1.3.1 普查

1. 普查的概念与作用

普查是根据特定的统计研究目的而专门组织的一次性的全面调查，其主要用来收集某些不能够或不适宜用定期全面报表调查收集的信息，目的是为了搞清重要的国情、国力情况。例如我国已经长期进行的人口普查、经济普查和农业普查等。

比如：第六次全国人口普查的目的是查清我国人口数量、结构、分布和居住环境等方面情况。以2010年11月1日零时为标准时点，对普查标准时点在中华人民共和国境内的自然人以及在中华人民共和国境外但未定居的中国公民(不包括在中华人民共和国境内短期停留的境外人员)进行登记，主要登记每个人的姓名、性别、年龄、民族、国籍、受教育程度、行业、职业、迁移流动、社会保障、婚姻、生育、死亡、住房情况等。

又如：第三次经济普查的目的是摸清我国各类单位的基本情况，全面调查我国第二产业和第三产业的发展规模及布局，系统了解我国产业组织、产业结构的现状以及各主要生产要素的构成，进一步查实服务业、战略性新兴产业、文化产业等相关产业以及小微企业的发展状况，全面更新覆盖国民经济各行业的基本单位名录库、基础信息数据库和统计电子地理信息系统，为加强和改善宏观调控，加快经济结构战略性调整，科学制定中长期发展规划，提供全面系统、真实可靠的统计信息支持。以2013年12月31日为普查标准时点，2013年1月1日—12月31日为普查时期，对我国境内从事第二产业和第三产业的全部法人单位、产业活动单位和个体经营户进行登记和调查，主要登记每一个单位的基本属性、从业人员、企业营业收入等。

2. 普查的特点

(1)普查通常是一次性或周期性调查。普查涉及面广，往往需要花费大量的人力、物力、财力和时间，一般需要间隔较长时间才进行一次，如我国农业普查(年度尾数逢 6)、人口普查(年度尾数逢 0)每十年进行一次,经济普查(年度尾数逢 3 和 8)每十年进行两次。

(2)普查需要规定调查的标准时间。为了避免登记资料的重复与遗漏,统计数据的时间口径,普查需要规定标准时间。标准时间是指调查数据资料的所属时间,一般包括标准时点和标准时期两种。如第三次全国经济普查时点资料的标准时间是 2013 年 12 月 31 日,时期资料的标准时间是 2013 年 1 月 1 日至 2013 年 12 月 31 日。

(3)调查组织规范化程度高。一般普查工作的调查方案、调查问卷、调查组织机构、调查时间进度等都是要统一规范的,所以说普查规范化程度高。

(4)普查的数据准确度高。与其他调查组织方式相比,由于是对每一个个体进行登记,且调查组织规范化程度,所以普查数据的准确程度非常高,且具有相对权威性。

(5)由于普查范围广、工作量大,因此,需要耗费大量的人力、物力、财力和时间,所以普查具有一定的应用局限性,主要被政府部门用于调查重要的国情国力。市场调查中,对于调查范围小、总体容量小的情况也可以采用普查,如某地区某品牌的经销商调查、某企业进行的库存清查等。

### 1.3.2　重点调查

1. 重点调查的概念与作用

重点调查是从调查总体中选择一部分重点单位进行调查的一种非全面调查,旨在了解调查对象总体的基本情况。所谓重点单位是指就调查目的变量而言,那些在总体标志总量中占有绝大比重的少数个体。例如,为了反映工业企业产品第一次出售时出厂价格的变化趋势和变动幅度,工业生产者出厂价格调查就对年主营业务收入 2000 万元以上的企业采用重点调查方法,对 1638 个基本分类的 20000 多种工业产品的价格进行调查;又如,为了及时了解全国城市商品房价格的变动趋势,就可以对全国 70 个大中型城市的商品房价格的变化进行重点调查。

2. 重点调查应用的注意事项

(1)重点单位的选择是重点调查的关键。重点单位具有“数目少但调查变量值占总体标志总量比重大”的特点,需要有前期普查或者相关的数据作为基本选择依据，且各单位的分布具有高度集中特征，才能确定出重点单位。

(2)重点调查选择的变量必须是调查变量或者与调查变量高度相关的变量，否则将失去重点调查的存之根本，选择出来的有可能不是重点单位。

(3)重点单位可能是人或企业，也可能是地区、城市。比如某些商业调查经常选择在重点销售城市进行抽样调查，实际上采用了重点调查与抽样调查的结合；又如我国很多部委进行的环境统计、科技统计等就是采用重点调查确定调查单位的。

(4)重点单位的选择一般有两种，一种是确定一个最低标志值，凡是标志值达到或超过最低标志值的个体就是重点单位；另一种是所有个体的标志值进行向下累积（变量值从高到低排序后累积加和），当累积比重大于等于所要求的最低累积比重时，被累积的个体就是重点单位。

### 1.3.3 典型调查

1. 典型调查的概念与作用

典型调查是在对调查对象初步分析的基础上，有意识地选择若干个具有代表性的典型单位进行深入、周密、系统地调查研究的一种非全面调查。一般用来认识事物发展变化的规律、发展趋势，或现象的本质，有时也用来推算总体的数量特征。比如：工业生产者出厂价格调查就对年主营业务收入2000万元以下的企业采用的是典型调查；又如某些新事物出现或发展初期，经常会采用典型调查去剖析认识新事物，以便推广。

2. 典型调查应用的注意事项

(1)调查单位少。典型单位分为一般水平典型和极端水平典型，对典型单位的深入调查研究主要在于了解总体的发展趋势与变化规律或现象的本质特征，选择的单位在于典型性而不在于多。

(2)典型调查的效果和调查单位选择者有很大关系。由于典型单位的选择主观大，因此，很少用于定量的推测和估计，主要用个别典型提供比较生动鲜活的事例，来辅助进行定量分析。

(3)当总体单位之间的差异较小、比较趋同时，很方便地选择少量单位作典型单位进行深入研究，称为“解剖麻雀式”典型调查，可以通过个别个体基本认识全部个体；当总体单位数量较多、不同部分的单位差异较大，但部分内部单位差异小趋同时，可以先对全部总体单位进行大致分类，再从每部分中选择代表性单位进行调研，称为“划类选典式”典型调查。

### 1.3.4 抽样调查及 Spss 和 Excel 实现

抽样调查是从全部调查研究对象中，抽选一部分个体构成样本进行调查，并根据样本的数量特征对总体的数量特征做出估计和推断的一种调查方式。一般按照抽选的原则不同，分为概率抽样调查和非概率抽样调查。

#### 1.3.4.1 概率抽样

概率抽样，又称随机抽样，指按照一定的程序和方法，从所要研究现象的总体中根据随机原则抽取一部分个体组成样本，通过对样本的调查，获得样本资料，计算出有关的样本指标，以一整套专门的方法对相应的总体参数做出估计和推算，事前可以通过控制样本容量控制抽样误差。随机原则是抽样调查所必须遵循的基本原则。正确理解随机原则是认识概率抽样的关键。首先，随机并非“随意”，“随机”有严格的科学含义，“随意”不是一个科学的概念；其次，随机原则不等于等概率原则，有些概率抽样就不是等概率抽样；再次，随机原则一般要求总体中每个单位均有一个非零的概率被抽中；最后，抽样概率的大小对总体参数的估计有重要影响。常见的基本概率抽样的组织方式有简单随机抽样、系统抽样、分层抽样、整群抽样四种。

1. 简单随机抽样

简单随机抽样，又称纯随机抽样，是指从总体容量为 N 的抽样框中，抽出 n 个体作为样本，使每一个个体都有相同的概率被选中，且每一个容量为 n 的样本被选中的概率也相同，被选中的 n 个个体就构成了简单随机样本。

简单随机抽样是最简单的一种等概率抽样方法，也是随机性体现最好的一种；理论上成熟，所有的数理统计的理论都是针对简单随机样本而阐述的；抽样框只需要抽样单位的识别信息即可，不需要任何辅助信息，可以降低编制抽样框的大量费用和工作量。但是，抽样单位分布可能比较分散，样本质量无法控制，可能会抽中一个代表性比较差的样本，抽样总体 N 很大的时候很难操作实施，所以一般会借助于计算机来实现。简单随机抽样的具体实施的方法有抽签法、随机数表法等，这里主要介绍计算机如何实现。

(1)简单随机抽样的 Spss 实现

在 Spps 中选择主菜单数据，再选择下拉菜单选择个案，出现图 1-3-1，选择随机个案样本——点击样本，在选择个案：随机样本框中填写大约所有个案的百分之多少——点击继续和确定，例如在给定的 26 个个案中随机选择 10%，继续后返回图 3-1-1，再点击确定，出现图 1-3-2，其中没有划斜线的个案即被选中为样本，然后可以通过数据——排序个案——选择按照 filte_ $ 变量进行降序排列，则被选中的样本即可呈现在数据的前面（即 filte_ $ 变量值为 1 的就是被选中的样本单位）。

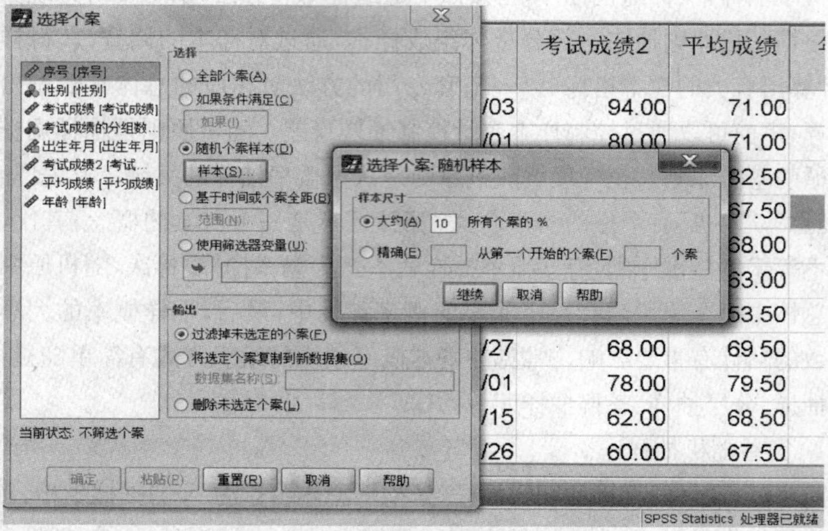


图 1-3-1　简单随机抽样设置界面

| | 序号 | 专业 | 性别 | 考试成绩 | 考试成绩的分组数据 | 出生年月 | 考试成绩2 | 平均成绩 | 年龄 | filter_$ |
|---|---|---|---|---|---|---|---|---|---|---|
| 1 | 9 | 经济统计 | 1 | 81 | 4 | 1998/08/01 | 78.00 | 79.50 | 19 | 1 |
| 2 | 12 | 经济统计 | 2 | 74 | 3 | 2000/01/20 | 55.00 | 64.50 | 17 | 1 |
| 3 | 20 | 经济统计 | 2 | 97 | 5 | 1997/07/10 | 79.00 | 88.00 | 20 | 1 |
| 4 | 1 | 经济统计 | 1 | 48 | 1 | 1998/09/03 | 94.00 | 71.00 | 19 | 0 |
| 5 | 2 | 经济统计 | 1 | 62 | 2 | 1999/02/01 | 80.00 | 71.00 | 18 | 0 |
| 6 | 3 | 经济统计 | 1 | 88 | 4 | 1998/04/06 | 77.00 | 82.50 | 19 | 0 |
| 7 | 4 | 经济统计 | 1 | 69 | 2 | 2000/10/03 | 66.00 | 67.50 | 17 | 0 |
| 8 | 5 | 经济统计 | 1 | 62 | 2 | 1999/05/20 | 74.00 | 68.00 | 18 | 0 |
| 9 | 6 | 经济统计 | 1 | 54 | 1 | 1998/10/25 | 72.00 | 63.00 | 19 | 0 |
| 10 | 7 | 经济统计 | 1 | 35 | 1 | 1998/12/09 | 72.00 | 53.50 | 19 | 0 |
| 11 | 8 | 经济统计 | 2 | 71 | 3 | 2000/03/27 | 68.00 | 69.50 | 17 | 0 |

数据视图　变量视图

图 1-3-2　简单随机抽样结果界面

(2)简单随机抽样的 Excel 实现

第一种,利用函数 Rand 实现。在数据 a 和 b 之间生成随机数(Rand() *(b-a)+a),并对该随机数取整数(INT),因此合起来表述为 INT(Rand() *(b-a)+a)。例如:图 1-3-3 中,在 1 到 26 间随机取一个整数,可以操作为,在一个空白单元格 $F_2$ 中输入=INT(Rand() *(26-1)+1),回车后就生成了一个在 1 到 26 间的随机整数 17,如果是取 n 个数,则选择 $F_2$ 后,鼠标移至右下角形成小黑十字,按住左键向下移动 n 个单元格,即可生成 n 个随机整数。注意:操作一次,随机数就会发生变化。

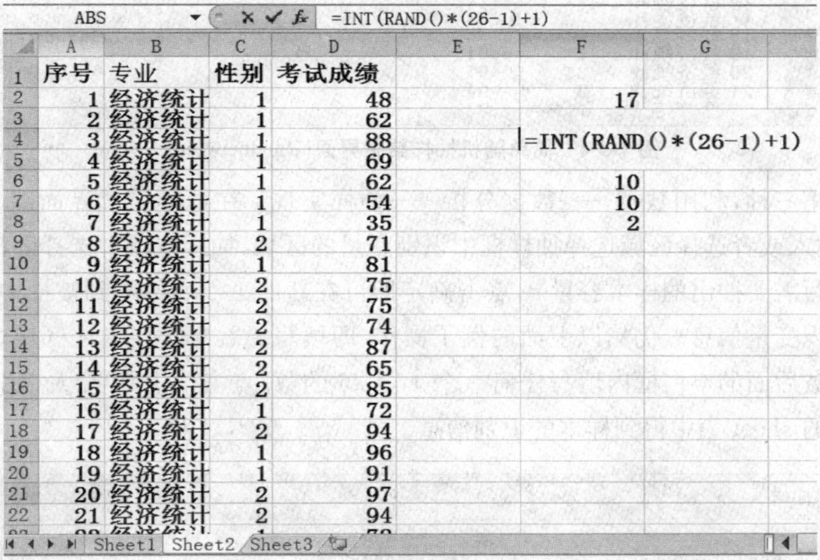
ABS　=INT(RAND()*(26-1)+1)

| | A | B | C | D | E | F | G |
|---|---|---|---|---|---|---|---|
| 1 | 序号 | 专业 | 性别 | 考试成绩 | | | |
| 2 | 1 | 经济统计 | 1 | 48 | | 17 | |
| 3 | 2 | 经济统计 | 1 | 62 | | | |
| 4 | 3 | 经济统计 | 1 | 88 | | =INT(RAND()*(26-1)+1) | |
| 5 | 4 | 经济统计 | 1 | 69 | | | |
| 6 | 5 | 经济统计 | 1 | 62 | | 10 | |
| 7 | 6 | 经济统计 | 1 | 54 | | 10 | |
| 8 | 7 | 经济统计 | 1 | 35 | | 2 | |
| 9 | 8 | 经济统计 | 2 | 71 | | | |
| 10 | 9 | 经济统计 | 1 | 81 | | | |
| 11 | 10 | 经济统计 | 2 | 75 | | | |
| 12 | 11 | 经济统计 | 2 | 75 | | | |
| 13 | 12 | 经济统计 | 2 | 74 | | | |
| 14 | 13 | 经济统计 | 2 | 87 | | | |
| 15 | 14 | 经济统计 | 2 | 65 | | | |
| 16 | 15 | 经济统计 | 2 | 85 | | | |
| 17 | 16 | 经济统计 | 1 | 72 | | | |
| 18 | 17 | 经济统计 | 2 | 94 | | | |
| 19 | 18 | 经济统计 | 1 | 96 | | | |
| 20 | 19 | 经济统计 | 1 | 91 | | | |
| 21 | 20 | 经济统计 | 2 | 97 | | | |
| 22 | 21 | 经济统计 | 2 | 94 | | | |

Sheet1　Sheet2　Sheet3

图 1-3-3　简单随机抽样结果界面(Rand)

第二种,利用函数 Randbetween 实现。在数据对最低值(bottom)和最高值(top)间生成随机数 Randbetween(bottom,top)。例如:图 1-3-4 中,在 1 到 26 间随机取一个整数,可以操作为,在一个空白单元格 G2 中输入=Randbetween(1,26),回车后就生成了一个在 1 到 26 间的随机整数 11,如果是取 n 个数,则选择 G2 后,鼠标移至右下角形成小黑十字,按住左键向下移动 n 个单元格,即可生成 n 个随机整数。

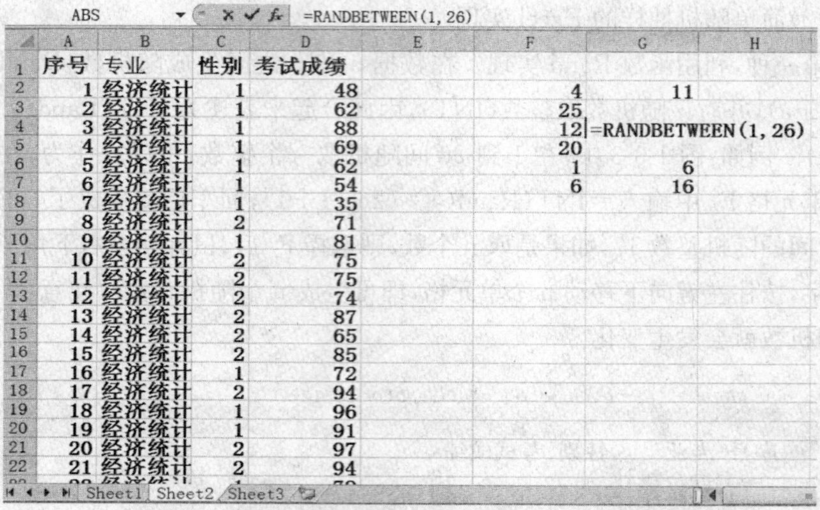

ABS =RANDBETWEEN(1, 26)

| | 序号 | 专业 | 性别 | 考试成绩 | | F | G | H |
|---|---|---|---|---|---|---|---|---|
| 2 | 1 | 经济统计 | 1 | 48 | | 4 | 11 | |
| 3 | 2 | 经济统计 | 1 | 62 | | 25 | | |
| 4 | 3 | 经济统计 | 1 | 88 | | 12 | =RANDBETWEEN(1, 26) | |
| 5 | 4 | 经济统计 | 1 | 69 | | 20 | | |
| 6 | 5 | 经济统计 | 1 | 62 | | 1 | 6 | |
| 7 | 6 | 经济统计 | 1 | 54 | | 6 | 16 | |
| 8 | 7 | 经济统计 | 1 | 35 | | | | |
| 9 | 8 | 经济统计 | 2 | 71 | | | | |
| 10 | 9 | 经济统计 | 1 | 81 | | | | |
| 11 | 10 | 经济统计 | 2 | 75 | | | | |
| 12 | 11 | 经济统计 | 2 | 75 | | | | |
| 13 | 12 | 经济统计 | 2 | 74 | | | | |
| 14 | 13 | 经济统计 | 2 | 87 | | | | |
| 15 | 14 | 经济统计 | 2 | 65 | | | | |
| 16 | 15 | 经济统计 | 2 | 85 | | | | |
| 17 | 16 | 经济统计 | 1 | 72 | | | | |
| 18 | 17 | 经济统计 | 2 | 94 | | | | |
| 19 | 18 | 经济统计 | 1 | 96 | | | | |
| 20 | 19 | 经济统计 | 1 | 91 | | | | |
| 21 | 20 | 经济统计 | 2 | 97 | | | | |
| 22 | 21 | 经济统计 | 2 | 94 | | | | |

Sheet1 Sheet2 Sheet3

图 1-3-4　简单随机抽样结果界面(Randbetween)

第三种,利用数据——数据分析——抽样实现。在抽样设置界面图 1-3-5 中,输入或者选择区域选择抽样框中识别变量的区域,抽样方法中选择随机,然后填写需要抽出的样本容量 n,点击确定即可在新的工作表中看到被抽中单位的标识变量信息。仍然以上面的例子操作,即填写 A2:A27 在输入区域,随机样本数后面的空白框内填写任何一个 1 至 26 的数,点击确定就可以在另外一个新的 sheet 表中得到样本的识别信息。

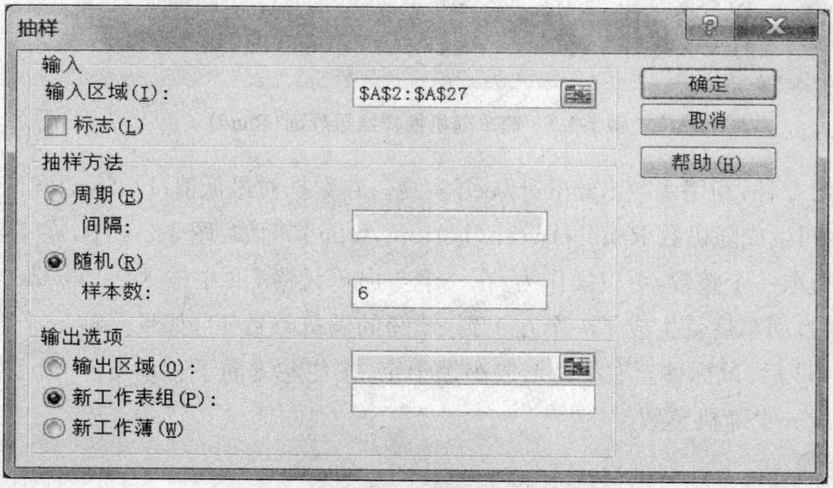


图 1-3-5　简单随机抽样结果界面(抽样)

第四种，利用数据——数据分析——随机数发生器实现。在随机数发生器设置界面图 1-3-6 中，变量个数、随机数个数中输入相应数字，然后在分布中选择均匀分布（还有正态分布、离散等），参数中设置区间，点击确定即可在新的工作表中得到随机数。仍然以上面的例子操作，变量个数输入 1，随机数个数 6 个，然后在分布中选择均匀分布（还有正态分布、离散等），参数选择在 1 到 26 间，点击确定即可在新的工作表中看到 1 列 6 行的随机数，取整数后就得到抽中单位的序号（1 到 26 号中的数字）。当然变量个数与随机数个数也可以反过来，这样最终得到的就是 1 行 6 列的数，如何选择看操作者使用习惯。

其实手工操作的随机数表法，就是这样生成随机数表，然后再实现随机取样。

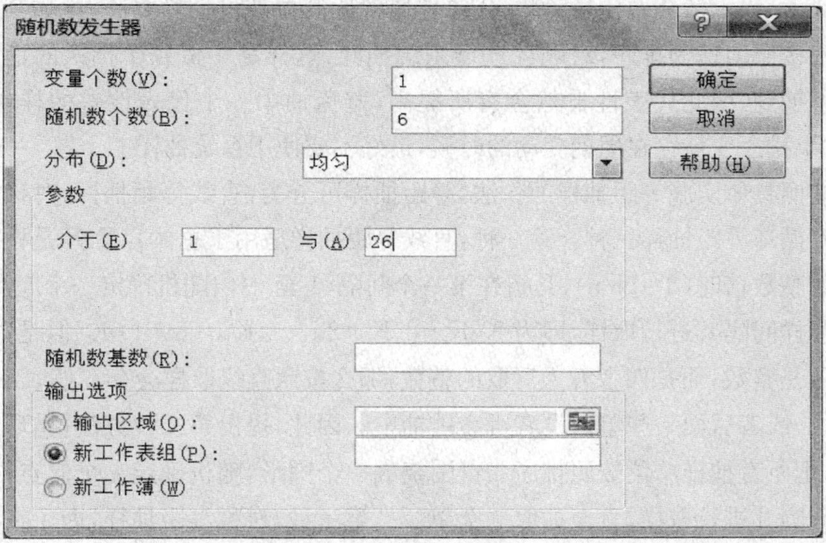


**图 1-3-6　简单随机抽样结果界面（随机数发生器）**

（3）简单随机抽样 Spss 实现与 Excel 实现的区别

Excel 的实现工具都是采用的重复抽样，抽出来的样本有些是重复的，因此在实际抽样的时候要注意，同时，生成的抽样只提取了抽中样本单位的某个识别信息，其他信息没有同时被提取，这对于尽快根据其他信息找到样本具有一定的难度。而 Spss 则相反，抽取采用不重复抽样，且抽中单位的其他信息也在，这样有利于尽快根据其他信息找到样本，从而提高抽样和调查的效率。

2. 系统抽样

系统抽样，又称等距抽样或者机械抽样，是指首先将抽样单位按照某一变量排序，然后按照某种规则随机确定一个起点，按照一定间隔(N/n)抽取一个单位，直到抽中 n 个单位形成样本的一种随机抽样方式。排序的变量可以是与调查目的高度相关的变量，也可以是无关变量，只有前者才能够提高样本的代表性，按照后者抽样的效果与简单随机抽样的效果没有显著差异。

在样本容量 n 很大的时候，系统抽样相比各种简单随机抽样更加简便易行，比如利用住宅小区抽取居民住户和利用企业员工名册抽取职工。因此，系统抽样常用来代替简单随机抽样；有时，没有抽样框时可代替简单随机抽样方法，比如产品生产线上的产品质量抽样调查；抽样单位按照有关变量排序后抽取的样本，样本的分布比较均匀，代表性通常比简单随机抽样要高，比如某企业对客户按照消费额排序，对顾客进行系统抽样，这样高中低各个档次的消费者都能够抽到，因此代表性自然会有所提高，避免抽中一个代表性差的样本；注意，如果排序变量存在周期变动的时候，最好不要使用系统抽样。

按照具体实施等距抽样的作法，等距抽样可分为：直线等距抽样、对称等距抽样和循环等距抽样三种。第一种，直线等距抽样适用于总体容量 N 是样本容量 n 的整数倍时(d=N/n)，是指在第一个间隔(1 至 d)内随机确定一个起点 K，按照抽样间隔 d 进行取样，即为 K，K+d，K+2d，…，K+(n-1)d。但是，如果 N/n 不是整数，而是四舍五入后取的整数，那么按照直线取样会存在抽取不足 n 个单位，或者后面一些单位没有机会被抽中。因此，提出第二种方法，循环等距抽样，把所有抽样单位按照排序变量围绕成一个圆形，随机确定一个起点，按照抽样间隔 d 进行取样，直至抽取 n 个单位。第三种，对称等距抽样，即先在第一个间隔中随机确定第一个单位，在第二个间隔段与第一个单位对称位置抽取第二个单位，再在第三个间隔段中，选择抽取与第二个单位对称位置上的单位作为第三个单位，以此类推，直至抽取 n 个单位，如果第一个单位的有关变量较大，第二个单位的有关变量在第二个抽样间隔中就相对较小，第三个单位的有关变量又较大，第四个单位的有关变量在第四个抽样间隔中就相对较小，以此类推，这样相比直等距抽样效率会更高，可以避免系统性误差。由于 Spss 中系统抽样和分层抽样的设计比较复杂，需要在分析——复杂抽样中完成，所以本书仅主要详细介绍一下系统抽样在计算机 Excel 软件中如何实现。

首先在抽样框文件中按照排序变量排序，然后点击 Excel 中的数据菜单，选择数据分析工具，再选择抽样，出现抽样设置界面图 1-3-7，输入或者选择区域选择抽样框中识别变量的区域，抽样方法中选择间隔，然后填写抽样间隔 d，点击确定即可在新的工作表中看到被抽中样本的标识变量信息，这些识别信息是一个等差序列。仍然以上面的例子操作，即填写排序变量 A2：A27 在输入区域，抽样间隔填写 13，点击确定就可以在另外一个新的 sheet 表中抽得 2 个单位（比如序号为 13 和 26）。

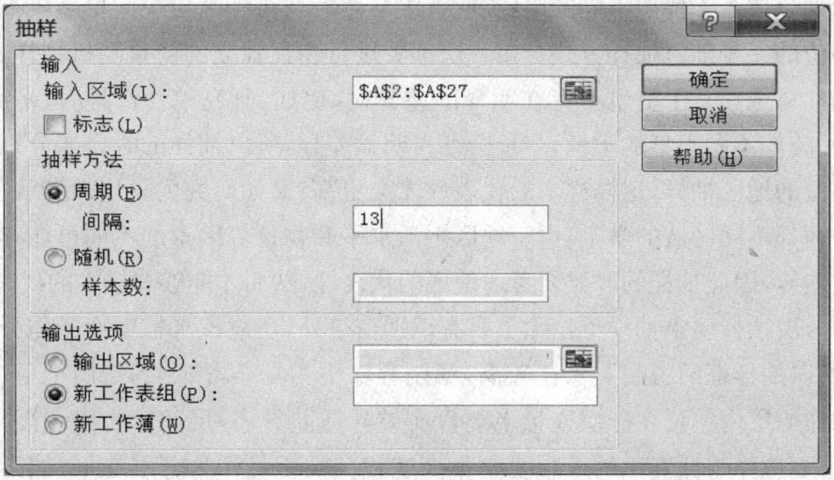


图 1-3-7　系统抽样设置界面

3. 整群抽样

整群抽样是从抽样框中随机抽取由总体单位构成的群（或小的集合），然后对群内所有总体单位进行逐一调查的一种随机抽样方式。例如：要以某学校大学生作为对象的调查，抽样框可以设计每一个班级作为抽样单位，采用整群抽样，随机抽取一定数量的班级，然后对抽中班级内的每一个同学进行调查。

在实践中，存在很多自然形成的群，比如学生以学校、班级、寝室为群，消费者以街道、居民小区、家庭户为群，企业以行政区域或地理区域为群分布，等等。当对调查单位缺少必要信息时，无法编制具体到调查单位的抽样框，而由调查单位构成的群可能现成存在或很容易找到，此时使用整群抽样，既可以降低抽样框编制的难度，同时也可以保证随机性；整群抽样取得的样本一般分布比较集中，实施调查更加方便容易，同时节省费用；整群抽样一般要求群中的单位差异大，群与群差异小，这样可以提高整群样本的代表性；但整群抽样通常无法提前知道调查的样本量，因为在进行调查前，通常每个群的规模无法预知，同时参数估计比简单随机抽样更为复杂。整群抽样在计算机 Excel 软件中的实现，实际上与简单随机抽样一样，在区域抽样框中简单随机抽取一定数量的群即可完成抽样，因为群中所有个体都需要进行调查。

4. 分层抽样

分层抽样，又称类型抽样或分类抽样，是抽样框中，将抽样单位先按照某一变量划分成若干性质不同的层(类或者组)，然后在每一个层中简单随机抽取抽样单位的一种随机抽样方式。每一层都要进行相互独立的简单随机抽样，适用于抽样单位在某个变量上存在明显的差异时，比如：研究粮食产量时，平原、山区、丘陵等不同类型的土地，产量会存在明显差异，所以抽样的时候要分别在不同类型的地区抽样，这样样本的代表性才会更高；又如研究大学生消费状况时，东中西部不同区域的学生，由于地区生活水平和物价等因素的不同可能存在着显著差异，因此抽样的时候要考虑地区的代表性，从而才能够总样本的代表性。

分层抽样要求抽样单位除了要有识别信息外，还应该有辅助变量作分层变量，所以抽样框的编制要求比较高，编制程序更为复杂，需要的费用也更多；分层抽样的层内单位在分层变量上要没有差异或差异小，层间单位则相反，要差异大；要选择与调查中的最重要变量高度相关的变量作为分层变量，如果分层变量与调查目的变量无关或低相关，那么分层抽样的效果可能与简单随机抽样效果无异；分层抽样如果要进行层的分析，则需要确保对需要估计的每个层都有足够的样本量，不但可以进行总样本的估计，还可以做到对各层的估计；分层抽样相比简单随机抽样，可以避免得到一个代表性“差”的样本，但估计比简单随机抽样更为复杂。

分层抽样在计算机 Excel 软件中的实现，实际上需要先根据分层变量将抽样框分为几个子抽样框，然后在每个子抽样框中实施与简单随机抽样一样的工作。

5. 多阶段抽样

前面四种随机抽样方式都是从总体中进行一次抽样就能够产生一个完整的样本，通常被称为单阶段抽样。但是，在实践中，调查单位的分布很广且数目很多，一次性完成抽样工作获得具有代表性的样本往往是不可能的，或者实施起来非常困难、费用很高。此时可以变通将抽样工作分为几个阶段完成,然后逐一阶段完成抽样,最终取得需要的代表性样本,这种抽样方式称为多阶段抽样。

多阶段抽样又称为多级抽样,是指在抽取样本时,分为两个及两个以上的阶段从总体中抽取样本的一种抽样方式。其具体操作过程是:第一阶段,将总体分为若干个一级抽样单位,从中抽选若干个一级抽样单位进入样本;第二阶段,将选中的每一个一级样本单位分成若干个二级抽样单位,从选中的每一个一级样本单位中各抽选若干个二级抽样单位进入样本……以此类推,直到获得最终样本。多阶段抽样的阶段数不宜过多,一般采用二到三个阶段,最多四个阶段,否则抽样过于繁杂,而且后期的估计难以进行,效果也不一定会更好。通常多阶段抽样的前期会采用整群抽样来降低编制抽样框的难度和保证个体分布相对集中,然后结合分层抽样、系统抽样和简单随机抽样进行具体抽样,得到最终的调查单位进行调查。例如:在某个地区进行消费者调查可采用三阶段抽样:先以社区/居委会作为抽样单位,再抽选调查小区,最后抽选调查住宅入户找人进行调查。

多阶段抽样由于采取了多种抽样的结合,就可以扬长避短,所以,多阶段抽样比单阶段抽样的统计效率更高;多阶段抽样的样本分布比某些随机抽样(简单随机抽样和系统抽样等)的样本集中,因此实施调查的时间和费用都将大大降低;多阶抽样不需要有整个具体到每一个调查单位的名录抽样框,前期只需编制一些包括调查单位的区域抽样框,到最终抽样环节才需要编制具体到调查单位的名录抽样框;虽然多阶段抽样的效率比单阶段整群抽样的效率高,但调查的组织较为复杂,且估计也较为复杂,没有简单随机抽样的效率高。

#### 1.3.4.2 非概率抽样

非概率抽样调查,又称非随机抽样,指不需要编制抽样框,不遵循随机原则,根据主观判断,或者依据方便快捷的原则抽取样本的抽样调查方式。由于时间、经费等客观条件的限制,很多时候没有办法编制合适的抽样框,难以及时进行随机抽样,因此,很多时候会采用非概率抽样,该方法也可以进行估计,但因无法获知抽样误差,估计的精度和信度无法保证,一般仅用于粗略的点估计,无法进行比较精确的区间估计。常见的非概率抽样组织方式有方便非随机抽样、自愿非随机抽样、滚雪球非随机抽样、配额非随机抽样等。

1. 方便非随机抽样

方便非随机抽样，简称方便抽样，又称偶遇或者便利抽样，就是调查组织实施者使用方便组织实施调查的方式抽选样本。与其配合实施的调查方法就是采用拦截式访问调查，可以在调查单位高度密集出现的地域或场所组织实施调查。例如要进行建材装潢材料的消费调查，可以在装饰城或者建材市场设点拦截消费者或者潜在消费者进行调查；又如进行某商场或某服务机构的顾客满意度调查，则可以在单位门口附近设点实施调查，等等。

方便抽样操作简单便捷，能够及时获取所需信息，节省大量的实施费用，为了避免偶然性，提高样本的代表性，实施调查的时候可以通过加强控制来降低偶然性。

2. 自愿非随机抽样

自愿非随机抽样，又称志愿者非随机抽样，指不经过选取，由自愿接受调查的被访者组成样本的一种非随机抽样调查方式。与其配合实施的调查方法常为网络调查和邮寄调查。例如在问卷星平台或一些网站上发布的网络调查问卷，点击网页的人自愿填写问卷提交，但也可以直接关掉网页不参与调查；又如在报刊杂志上刊登的一些邮寄调查，阅读报刊的人可以填写调查问卷，按照一定的地址邮寄给调查组织单位，也可以不予理会，等等。

自愿非随机抽样的样本往往是那些对调查项目感兴趣的被访者参与调查，所以得到的结果应用具有一定的局限性，但能够节省大量的实施费用。

3. 滚雪球非随机抽样

滚雪球非随机抽样，指以“滚雪球”的方式取得样本，就是通过少量样本单位获得更多样本单位的非随机抽样调查方式。该方法适用于调查单位分布非常稀疏的情况，采用其他抽样方法形如“大海捞针”，无法及时找到一定量的调查单位，因此可以利用找到的少量调查单位，通过这些单位的介绍找到更多的调查单位，形如“滚雪球”，一个变几个变更多个，样本量像雪球一样越来越大，这样可以尽快达到预定的样本量，完成数据的搜集工作。例如某些新产品在进行消费者调查时常采用该方法。

4. 配额非随机抽样

配额非随机抽样，又称定额非随机抽样，指根据总体某些特征分布情况，选择不同特征表现的调查单位构成样本，使样本的特征分布与总体的特征分布尽量一致，从而提高样本的代表性。配额的控制特征变量可以是一个，也可以是多个，甚至可以是多个交叉作为控制变量。例如进行某企业职工食堂的调查，需要控制性别、年龄等变量进行拦截式访问调查，使样本的性别、年龄等变量的结构与总体的大致相同，这样才能提高样本的代表性。

配额非随机抽样可以做到样本的某些特征分布与总体的特征结构一致，同时又不需要像分层随机抽样那样编制需要辅助信息的抽样框，所以在调查领域中常使用这种非随机抽样调查方式。

### 1.3.5　调查组织方式的选择

一个调查项目在实施的过程中，可能需要结合多种调查组织方式。比如：某企业会选择在重点销售地区进行消费者的抽样调查，实际上就是重点调查与抽样调查的结合，且在抽样的过程中会选择整群抽样、系统抽样和简单随机抽样相结合。又如：前面提到的工业生产者出厂价格调查就选择了对年主营业务收入 2000 万元以上和以下企业依次采用重点调查和典型调查。再比如：批发和零售业统计报表制度中，对调查限额以上批发和零售业法人单位的单位基本情况、从业人员及工资总额、财务状况、经营情况、信息化和电子商务交易情况实行全面调查；对限额以上批发和零售业个体经营户、其他行业附营的限额以上批发和零售业产业活动单位的单位基本情况和经营情况实行全面调查；对限额以下批发和零售业法人单位、产业活动单位、个体经营户的单位基本情况和经营情况实行抽样调查；对批发和零售业连锁总店、亿元商品交易市场实行全面调查；对批发和零售业景气状况实行抽样调查；对重点网上交易平台交易情况实行重点调查。等等还有众多的例子，因此，任何一个调查项目的实施都要策划清晰、合理、可操作。

## §1.4　调查设计

现实工作中，一个调查项目的流程具体包括调查设计、调查实施以及后期数据的整理和分析环节。其中，调查设计是首要工作，也是最重要的统筹工作，需要对本环节及后期各个环节的大致工作进行统筹规定，具体表现为调查方案的设计。一份科学可行的调查方案一般包括以下几部分内容。

### 1.4.1 明确调查意义和目的

任何调查工作都应该具有一定目的而进行，而且调查目的是解决“为什么”调查的关键问题，其决定了调查什么内容，以及调查到数据的用途，其表述应该尽量简洁明了，如果调查项目比较复杂，调查目的则可能比较多。

例如：第三次经济普查的目的是“摸清我国各类单位的基本情况，全面调查我国第二产业和第三产业的发展规模及布局，系统了解我国产业组织、产业结构的现状以及各主要生产要素的构成，进一步查实服务业、战略性新兴产业、文化产业等相关产业以及小微企业的发展状况，全面更新覆盖国民经济各行业的基本单位名录库、基础信息数据库和统计电子地理信息系统，为加强和改善宏观调控，加快经济结构战略性调整，科学制定中长期发展规划，提供全面系统、真实可靠的统计信息支持。”

### 1.4.2 明确调查范围、调查单位及填报单位

明确调查范围、调查单位及填报单位是确定在什么范围内向谁调查谁的数据。调查单位是指调查原始数据的承担者，就是要调查其数据。调查范围往往指涵盖所有调查单位的区域。

比如：第三次全国经济普查对我国境内从事第二产业和第三产业的全部法人单位、产业活动单位和个体经营户进行登记和调查。根据《三次产业划分规定》(国统字〔2012〕108 号)，第二产业包括采矿业(不含开采辅助活动)，制造业(不含金属制品、机械和设备修理业)，电力、热力、燃气及水生产和供应业，建筑业；第三产业包括农、林、牧、渔服务业，开采辅助活动，金属制品、机械和设备修理业，批发和零售业，交通运输、仓储和邮政业，住宿和餐饮业，信息传输、软件和信息技术服务业，金融业，房地产业，租赁和商务服务业，科学研究和技术服务业，水利、环境和公共设施管理业，居民服务、修理和其他服务业，教育，卫生和社会工作，文化、体育和娱乐业，公共管理、社会保障和社会组织。法人单位、产业活动单位和个体经营户按照《统计单位划分及具体办法》和普查规定的单位划分及具体处理规定进行界定。为保证基本单位的不重不漏，结合第三次全国经济普查，对农业、林业、畜牧业和渔业的法人单位、产业活动单位进行普查登记。

### 1.4.3 明确调查内容并设计调查问卷

调查目的如何转化为具体的调查内容，然后再转化为调查变量，形成调查问卷是调查问卷设计的核心，也是一名调查设计和分析人员必备的专业素质和能力之一，在调查方案中必须明确指出调查内容，即调查“什么”，并配合第二章详细介绍的调查问卷设计共同呈现该部分。

比如：第三次经济普查中，对联网直报单位，调查包括单位基本属性、组织结构情况、从业人员及工资总额、财务状况、生产经营情况、能源和水消费情况、科技情况和信息化情况等，分设 7 种普查表。对非联网直报单位，调查法人单位的基本属性、从业人员、实收资本、资产总计、企业营业收入或非企业支出（费用）、税金、煤炭消费量（限工业法人单位）等数据，设 1 张普查表；调查产业活动单位的基本属性、从业人员、经营性收入或非经营性支出（费用）等数据，设 1 张普查表。对个体经营户，全面调查基本属性和从业人员，设 2 张普查表；抽样调查包括营业收入、营业支出、付给雇员的报酬、缴纳的税费等数据，设 1 张抽样调查表。

### 1.4.4 明确调查组织方式和方法

在实施调查项目时，采用什么调查方式和方法实施调查，直接影响着调查数据和结果的准确性，也影响着调查实施的具体安排。因此，需要在调查方案中进行明确选择普查、抽样调查、重点调查、典型调查、统计报表，还是几种调查组织方式结合，如果是抽样调查，还需要进行抽样方案的设计和说明，具体包括样本量多少、抽样框是什么、如何进行抽样等等；另外还应该对调查实施的方法进行说明，选择入户面访、街道拦访、电话调查、邮寄调查还是网络调查等方法。

比如：第三次经济普查，总体上采取了普查，为取得个体经营户的经营数据，普查后抽取一定比例的个体经营户由国家调查队进行配套抽样调查。对法人单位、产业活动单位和个体经营户由其主要经营地普查机构负责进行全面登记，但建筑业法人单位由其注册地普查机构负责普查登记，多法人联合体不能作为一个普查单位，应分别对每个法人单位进行登记。对联网直报单位，普查表由普查机构通过国家统计联网直报平台布置给普查单位填报，对非联网直报单位和个体经营户，普查表由普查员使用手持电子终端设备（PDA）采集数据，军队、武警系统的普查登记及数据采集方式由中国人民解放军、中国人民武装警察部队经济普查机构确定，保密单位的普查登记及数据采集方式由各地普查机构与相关部门协商确定。

### 1.4.5 明确调查时间和进度

明确调查时间和进度指在什么时间实施调查，搜集什么时间的数据。调查时间指调查数据的时间属性，一般包括时期和时点两种。调查进度，也称调查期限，指调查工作从开始的设计到最终结束的时间阶段，具体指什么时间阶段设计准备调查、什么时间阶段实施调查、什么时间阶段整理和分析数据等。

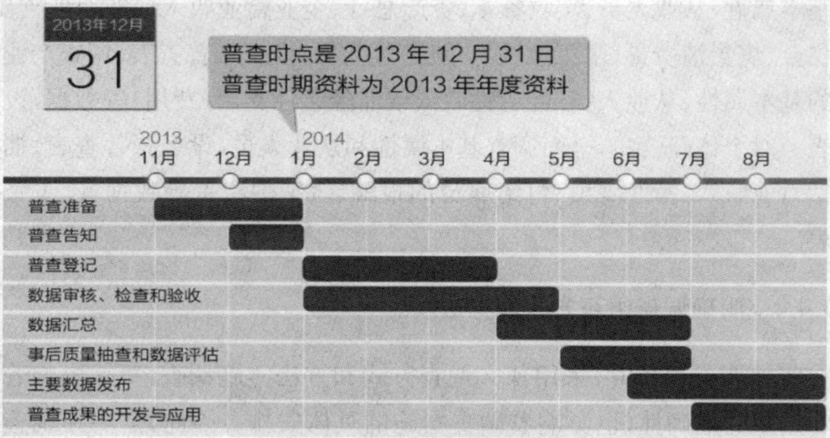


**图 1-3-8　第三次经济普查的调查时间与进度**

例如：第三次经济普查的标准时间和调查期限如图 1-3-8。普查标准时点为 2013 年 12 月 31 日，普查时期为 2013 年 1 月 1 日—12 月 31 日；普查准备时间阶段为 2013 年 11 月至年底，调查期限开始从 2013 年 11 月到 2014 年 8 月底结束，期间按照进度安排完成调查的准备、实施、整理、分析等不同阶段的具体工作，各个阶段详细的内容见第三次经济普查方案。

### 1.4.6 明确调查组织机构和人员

调查组织机构和人员指由谁负责组织实施调查，在调查方案中至关重要，机构明确、人员责任分工清晰，则可以尽量降低调查误差。除了建立调查组织机构，调查员的选拔和培训也至关重要。

例如:第三次经济普查的组织实施,包括全国统一领导、部门分工协作、地方分级负责和各方共同参与。全国统一领导:第三次全国经济普查领导小组负责普查组织和实施中重大问题的研究和决策。国务院第三次全国经济普查领导小组办公室设在国家统计局,采取集中办公的方式,具体负责普查的宣传动员、方案设计、培训和部署、单位登记、数据处理、资料开发和日常的组织和协调工作。部门分工协作:编制、民政、税务、工商和质检等行政审批登记部门,要及时提供其审批登记的单位名录;铁路、银行、证券、保险等垂直管理部门,成立经济普查机构,负责提供本系统单位名录,并协助各级地方普查机构开展对本系统法人单位和产业活动单位的普查登记工作;军队、武警系统的普查工作由中国人民解放军、中国人民武装警察部队成立的经济普查办公室负责组织实施。地方分级负责:地方各级人民政府要设立相应的普查领导小组及其办公室,加强领导,履行职责,组织好本地区普查工作。街道办事处、居(村)民委员会和社区基层组织,要成立专门机构或指定专人负责动员和组织社会力量积极参与并认真做好经济普查工作;大型企业应当设立经济普查机构,负责本企业经济普查表的填报工作。其他各类法人单位应当指定相关人员负责本单位经济普查表的填报工作。各方共同参与:各地区、各部门要按照国务院关于第三次经济普查的要求,各负其责,认真做好普查的宣传动员、条件保障和组织实施工作,对于普查工作中遇到的困难和问题,要及时采取措施,切实予以解决,确保普查各项工作顺利开展。

### 1.4.7 调查经费预算

任何调查的实施不仅需要必要人员投入,更重要的是需要一定经费投入作为物质保障,因此任何一个调查方案中都必须考虑经费问题,尤其是商业性质的市场调查。经费直接影响着调查内容的多少,调查方式和方法的选择,以及调查进度的安排等。

下面以一个入户面访调查项目为例介绍一下经费支出的大概项目(详见表 1-3-1),具体包括调查设计费(方案、问卷、抽样)、试调查费用、调查实施费用(劳务费、礼品费、差旅费)、调查整理分析费(录入费、整理分析费)等。入户面访的费用支出项目是最复杂和最全的,其他调查方法的费用支出则可以参照表 1-3-1 视情况取舍费用支出项目制定。

表 1-3-1 调查项目预算表

| 费用支出项目 | 数量 | 单位费用 | 总费用(元) |
|---|---|---|---|
| 调查方案设计费用 | | | |
| 抽样设计与实施费用 | | | |
| 问卷设计费 | | | |
| 问卷印刷费 | | | |
| 访问员培训费 | | | |
| 试调查费 | | | |
| 访问员劳务支出 | | | |
| 访问礼品支出 | | | |
| 调研差旅费 | | | |
| 问卷回收处理费 | | | |
| 数据处理与分析费 | | | |
| 调研报告撰写制作费 | | | |
| 报告印刷费用 | | | |
| …… | | | |

### 1.4.8 其他项目

在方案中一般还需要对调查实施过程进行质量控制，可以通过调查后期的集中数据审核来实现，也可以通过计算机软件实施访问员定位跟踪、录音等方式实现。另外，在方案中还应该考虑制定数据审核、数据处理和分析方案等。

例如：第三次经济普查的质量控制方案：①地方各级经济普查机构应当根据国务院经济普查领导小组办公室的统一规定，结合本地实际，制定经济普查质量控制办法和实施细则，进一步完善普查业务流程，明确各级、各部门、各专业的职责任务，规范各环节质量管理的具体标准，对经济普查实施全过程质量管理。②地方各级经济普查机构要设立普查质量管理小组，统一管理、指导和评估各级、各部门、各专业和各阶段的质量控制工作，要建立经济普查数据质量控制岗位责任制，对经济普查实施中的每个环节实行质量控制和检查验收。③地方各级经济普查机构应建立与普查数据用户、普查对象的相互交流沟通机制，收集、整理、分析普查各阶段工作中出现的问题，采取有效措施及时加以解决。对带有共性的质量问题，要及时向上级普查办公室汇报，防止出现大范围的系统性误差。④地方各级经济普查机构要认真做好普查员的选聘和培训工作，确保相关人员切实理解经济普查的各项专业技术要求，并能熟练操作手持电子终端设备。及时将普查登记的时间、内容和相关要求告知普查对象，指导和督促普查对象建立和完善相关的统计台账，做好基础数据的准备工作，保证普查现场调查工作的顺利进行。⑤各级经济普查机构要强化底线思维，制定好应对突发事件的应急处置方案，采取有效措施，防止普查数据在采集、存储、传输、处理等过程中丢失、泄漏、被窃，确保各关键环节工作安全、可靠、顺畅。

# 第二章　调查问卷设计

调查问卷，又称调查表，是调查方案最重要的组成部分，是调查目的的具体表现，也是搜集调查数据和信息的载体，国内外调查领域中普遍使用。因此，问卷设计与方案设计、抽样设计等一样，是调查设计环节的重要组成部分，尤其是搜集一手资料的调查中，规范、统一、合理的调查问卷，可以使调查工作事半功倍。熟悉问卷类型和结构、掌握问卷设计技巧、转化调查目的为具体问题、设计出可行的调查问卷，是调查设计人员必备的业务能力之一。

## §2.1　问卷设计概述

### 2.1.1　问卷及作用

2.1.1.1　问卷的定义

问卷调查是一种常用的统计调查手段，是国际通行的一种统计调查形式，也是我国进行统计调查的一种主要形式。国家调查系统会主要围绕各级党政领导、政府和社会广大群众所关心的问题、国家政策执行情况、当前经济运行中的热点和难点问题等进行专项调查，从而为宏观决策、经济发展和民生建设等服务；统计局系统也会主要针对国民经济各行各业的经济发展等情况进行各种专项调查和统计报表制度，搜集数据并监测国民经济的运行和发展；各个部委也会针对自身部门的业务进行各种专项调查；同时，市场调研机构或企业的调研部门也会针对产品的市场主客体（产品、消费者、供给者、营销环节等）展开专项调查，搜集市场各方面的信息，为管理决策提供科学依据。统计调查的首要任务就是进行调查设计，而设计环节中的重要环节之一就是根据调查目的和内容设计出适用的调查问卷（或调查表）。针对调查问卷的定义，国内外专家有众多不同的论述。

倪加勋在《调查概论》中认为：问卷（或调查表）是专门为从被调查者那里获得有关某个主题的信息而设计的一组或一系列问题。杜子芳在《市场调查实务》中认为：问卷是用来搜集调查数据的一种工具，是调查者根据调查目的和要求设计的，由一系列问题、备选答案、说明以及代码表组成的书面文件，是最常用的调查工具。蒋志华等在《市场调查与预测》中认为：问卷又称调查表，是市场调查中用来收集资料的一种工具，是指一系列事先精心设计的、系统的、严密的、需要调查对象书面或口头回答的问题表格。郭强在《问卷设计手册》中认为：调查问卷又称调查表，是为了达到调查目的和收集必要数据，而设计出的由一系列问题、备选答案及说明等组成的向被调查者收集数据的工具。风笑天在《社会调查中的问卷设计》中认为：问卷是社会调查中用来收集数据的一种工具，形式上是一份事先精心设计好的问题表格，用于测量人们的行为、态度和特征。

综合各位学者的定义，结合从事调研工作积累的实践经验，可以得出，调查问卷是根据调查目的而设计，由一系列问题、备选答案及说明等构成，向调查单位或填报单位搜集数据的一种工具。比如，住户收支与生活状况调查、采购经理调查、国有企业反腐倡廉民意调查、农民工监测调查等的调查问卷。但调查工作中的问卷与各种考试、知识竞赛中的问卷不同，在结构上除了问题及备选答案外，还应有说明词、编码、调查记录等部分；从内容上看，调查问卷中的问题没有标准正确答案，存在就是合理的，只要是调查单位的实际情况。

2.1.1.2 问卷的作用

问卷是调查中用来搜集记录数据的一种载体，因此其应该具有以下几方面的功能。第一，问卷可以规范调查内容和问题、答案等的措辞，保证数据口径一致，决定着将要搜集数据的结构构成。不论什么时间、什么地点、调查人员是谁、采用什么方法实施，全部可以按照问卷中的措辞表述进行数据的搜集记录。

第二，问卷是调查设计、调查实施、调查整理和调查分析各环节的相互联系的具体体现，可以提高调查的效率。问卷设计是调查设计的重要部分，不同调查方法采用的问卷有所不同；措辞通俗易懂、格式标准规范的调查问卷，可以保证调查顺利实施；同时规范的问卷，可以让调查单位或填报单位更容易理解和接受，且方便后期对数据进行编码、录入等数据处理和数据分析。第三，问卷及调查搜集的数据是调研报告的撰写依据，所有的分析结论、说明论证依据都必须来自于根据问卷搜集的调查研究变量及数据。

### 2.1.2 问卷的结构

政府统计部门、市场调查机构以及调查研究部门使用的调查问卷大体上是一致的，除了正规统计表应该具有的表名、表号、发文机关、有效期限等项目，还应该包含调查单位基本情况和调查问卷的主体部分。一般来说，定量调查的问卷相对要复杂一些，且定量调查应用非常广泛。因此，一份定量调查问卷通常包括开头部分、甄别部分、主体部分、背景资料（调查单位基本情况）和结尾五部分，具体可以包括标题、说明词、填写说明、问题、答案、编码、必要的注释和调查单位的基本情况等。

#### 2.1.2.1 开头部分

问卷的开头部分一般包括问卷的标题、说明词、填写说明、批准机关等。

1. 标题

问卷的标题是对调查主题的高度概括，需要表述得简明扼要，点明调查目的。标题要起到画龙点睛的作用，同时让调查单位或填报单位对调查内容有一个大致了解。一般位于问卷的上端居中。

例如：国有企业反腐倡廉民意调查问卷；又如：居民住户收支与生活状况调查问卷等。

2. 说明词

问卷说明词，也称开场白，格式和内容基本是固定的，以信函的形式展现，包括对调查单位或填报单位的称呼、调查人员或组织单位的自我介绍、调查背景意义、调查目的、保密承诺、调查所需时间、作答无对错之分、配合请求、感谢语等有关事项。其主要作用是使调查单位或填报单位对调查消除顾虑、引起兴趣和尽量配合实施。一般面访调查和电话调查等派员调查的说明词部分可以简洁些，但是邮寄调查等非派员调查的说明词则需要详细充分些，这样才能够提高配合度。

例如：统计报表制度中，“本调查制度根据《中华人民共和国统计法》的有关规定制定”部分和总说明部分都相当于说明词。又如：国有企业反腐倡廉民意调查中，国家统计局相关调查总队印发的《致调查企业的信》，实质就相当于一般问卷中的说明词，所以在问卷开头部分中只呈现了保密承诺部分。

3. 填写说明

填写说明又称填写要求，一般自填式问卷的开头部分必不可少，即对填写的要求、方法、注意事项等进行总的说明。一般报表制度中的总说明中包含，例如：住户收支与生活状况调查中的填报说明，针对填报数据的单位、如何保留小数等都进行了详细的说明。具体如下：

**填报说明**

一、填报对象

问卷B由所有样本住户填报，供开户调查(更换样本时)和年末调查使用。

B1住房基本情况：调查住户的现住房和拥有其他房屋的基本情况，包括水、电、取暖等与居住相关的基础设施和使用情况。第一部分所有住户均须填答；第二部分至第七部分仅由家庭居住户(不含住家保姆和住家家庭帮工)填答。

B2耐用消费品拥有情况：调查住户的耐用消费品拥有情况。所有住户均须填答。

二、注意事项

1. 本问卷以住户为单位进行填报。开户时调查和每年末更新信息。更新时使用一份新问卷，但仅记录信息变动的情况。

2. 如果该住宅中有两个住户被抽中，分别对每个抽中户使用一份问卷。住家保姆、住家家庭帮工和集体居住的人员只需填答B1“住房基本情况”的第一部分以及B2“耐用消费品拥有情况”。

3. 本问卷中单位为“万元”的问题要求保留一位小数。除此之外，金额、面积等一律四舍五入取整数。B2“耐用消费品拥有情况”中若有几户共同拥有的情况，数量可能出现一位小数。

……

又如：在采购经理调查中，请于下列各选项后的□中打"√"，这句话就属于填写说明，告诉调查单位或填报单位如何标记完成调查问卷。

**企业基本情况调查表**

表　　号：N　1　3　1　表
制定机关：国　家　统　计　局
文　　号：国统字(2013)63号
20　年　　有效期至：2　0　1　4　年　6　月

| | |
|---|---|
| 01 单位详细名称 | 02 组织机构代码□□□□□□□□-□ |
| 03 法定代表人(单位负责人) | 04 联系电话(含区号)________ |
| 05 单位所在地<br>省(自治区、直辖市)地(区、市、州、盟)<br>县(区、市、旗)乡(镇)<br>街(村)门牌号 | 06 区划代码□□□□□□<br>07 邮政编码□□□□□□ |
| 请于下列各选项后的□中打"√" | |
| 08 是否有出口业务①是□　②否□ | 09 是否为上市公司　　①是□②否□ |

4. 批准机关、批准或备案文号、问卷编号、制表机关等

任何政府、部门、地方统计和市场调查采用的问卷，不管是普通的报表形式，还是专项调查的形式，都要求符合国家统计局制定的统计调查表格式的若干规定，以保证调查体现的规范性和合法性。各级调查必须经过上级或同级统计调查管理机构的审批后才能组织实施，问卷右上角的内容体现统计调查的合法性，依次为表号、制表机关、批准机关、批准或备案文号等。

例如：在采购经理调查中，右上角的表号、制表机关、文号、有效期至都属于这部分内容。又如：国有企业反腐倡廉民意专项调查中，除右上角的表号、制表机关等属于这部分外，问卷编号也属于。

2.1.2.2　甄别部分

甄别部分指通过一系列问题，筛选出调查对象中的调查单位。有些调查问卷中没有，比如统计报表中。在统计报表制度总说明中规定了调查对象，只对

符合条件的调查单位要求填报，所以在问卷部分没有必要再设计甄别问题。有些调查的甄别可能就一两个问题，不一定单列；而有些调查的甄别条件很多，需要单独一个部分与问卷主体部分区别开。尤其是一些市场调查，为保证数据的客观公正性，市场调查中一般必须遵循行业规避（Q1）和时间规避（Q7）的原则，除此之外有些调查还可能通过年龄、性别等或某些特定的问题作为甄别条件，来选择出合适的调查单位。

例如：在某项木地板的调查研究中，采用的是入户面访法和街道拦访法相结合的方法，在问卷的甄别部分就设计了很多问题，将调查单位锁定为未来半年内准备装修、使用木地板材料装修地板、过去三个月内没有参与调查研究活动的25～55岁的非相关行业工作的常住人口。因此，在调查问卷中设计了接近10个问题来甄别受访者。其中街道拦访法问卷中的几个主要甄别部分的题具体如下：

［出示卡片］

Q1　我们需要寻找一些在某些行业工作的消费者参加我们这次研究。请问您和您的家人是否有在下列公司工作的呢？（复选）

市场研究公司/广告公司……………………………1 ⎫
社会民意调查机构/咨询公司/媒介公司…………2 ⎬ →终止访问
家具厂商………………………………………………3 ⎪
房产发展商/建筑承包商/建筑装潢公司…………4 ⎭
化妆品的生产厂家销售研究机构……………………5 ⎫
以上均无………………………………………………6 ⎭ →继续访问

Q2　请问您家在<u>未来半年内</u>是否准备装修住房？（单选）

是………………………………………………………1
否………………………………………………………2 →终止访问
……

Q7　请问您家在过去半年内有没有接受过市场调查人员的访问呢？（单选）

是………………………………………………………1 →终止访问
否………………………………………………………2

［出示卡片］

Q8 请问您的周岁是(单选)

25 岁以下……………………………………………1 →终止访问
25～29 岁……………………………………………2 →继续访问
30～34 岁……………………………………………3 →继续访问
35～39 岁……………………………………………4 →继续访问
40～44 岁……………………………………………5 →继续访问
45～49 岁……………………………………………6 →继续访问
50～55 岁……………………………………………7 →继续访问
55 岁以上……………………………………………8 →终止访问

2.1.2.3 主体部分

调查问卷的主体内容设计的好坏，将直接影响整个调查的成败与质量。主体部分是调查问卷最重要的部分，包括根据调查目的和调查内容提出来的一系列问题、备选答案、编码和提示等。比较复杂的调查可将主体划分为几个组成部分。这几个部分实际上就是调研分析各主要板块的内容。例如：在住户收支与生活状况调查报表中，基层年报表式的 T101 表，即住房和耐用消费品拥有情况(B)中，分为 B1 和 B2 两大部分，其中在 B1 住房基本情况中又分为期末现住房基本情况、自有现住房情况、租赁房实际月租金、期内拥有其他房屋情况、期内新购住房情况、期内新建住房情况、期内住房大修或装修费用七个部分。又如在某项木地板的调查研究的主体部分，具体包括木地板类型的认知、使用和评价部分，木地板的品牌认知、使用和评价部分，木地板购买形态等多个部分，体现了问卷顺序性设计原则中的分块化处理设计。

1. 问题与答案

对于问题的类型、如何设计问题和答案将在第三节详细介绍。

2. 编码

编码也是主体中的一个重要组成部分。编码是指给问卷中每一个问题以及备选答案赋予数字、字母或符号代码的工作，把文字信息转化为数字、字母或代码形式，以便于后期利用计算机进行统计处理和统计分析。通过编码将问卷中记录的原始数据输入计算机，使数据简单、有效。如果原始数据是文字资料，一般必须编码；原始数据是数字或数值资料，则只需要对问题编码，答案不需要编码。

例如:国有企业反腐倡廉民意调查问卷的第二部分调查内容中的第1题。

1. 您对今年国有企业党风建设和反腐败工作取得的成效是否满意?(限选一项)

(1)很满意

(2)比较满意

(3)一般

(4)不满意

(5)不好说

其中,提问中的"1"是问题的编码,备选答案(1)(2)…(5)则是答案的编码。

3. 提示(或注释)

提示是很多问卷必不可少的一部分,指针对某些较特殊情况对调查单位、填报单位或访问员所做出的特定提醒。问卷中每一个可能存在使调查单位、填报单位和访问员不清楚、难以理解的地方,妨碍其准确填答的地方,都需要以特殊方式给予某种提醒。

例如:国有企业反腐倡廉民意调查问卷各个问题后注释的(限选一项)或(限选三项)。又如:住户收支与生活状况调查中,基层年报表式的T101表,即住房和耐用消费品拥有情况(B)中,在期末现住房基本情况后面用特别字体显示的"以下二至七部分仅由家庭居住户(不含住家保姆、住家家庭帮工)填答。"就是提示,以及二至七每一部分后面【】中的内容也都属于提示。

2.1.2.4　背景资料

背景资料指调查对象和调查单位的基本情况。在报表制度中和专项调查中,调查单位或填报单位的基本情况一般是在第一张表中。如果调查单位是个人,背景资料一般包括人的自然属性,如性别、年龄等,以及与调查相关人的社会属性,如政治面貌、职务、职业和收入等;如果调查单位是企业,其基本情况就是背景资料,具体包括企业名称、单位代码、行政区划代码、企业地址、企业规模、企业所在国民经济行业、企业登记注册类型、职工人数、销售收入等。具体列入多少项目,应根据调查目的、调查要求而定,并非多多益善。设置这些项目,一是为了满足对调查资料进行分组研究的需要;二是以便进一步了解调查对象的总体情况;三是为了便于质量核实或样本控制。

在很多市场调查中,被访者的姓名、性别、年龄、文化程度、职业、收入、宗教信仰、联系方式等数据，属于敏感信息，除非作为甄别问题必须提前至甄别部分，否则多放在问卷后面的背景资料部分。有时为了减少被调查者的戒备心，搜集到客观真实数据，也可以不记录被调查者姓名和联系方式，但必须加强调查过程的督察和质量控制，如使用 PDA 调查时，可以通过网络监控，又如使用电话调查时采用同步录音等措施。

#### 2.1.2.5　结尾部分

结尾部分通常可以是简短的几句话，对被调查者的合作表示真诚地感谢，调查员签名、填写调查日期等“作业证明”。一般在问卷的最后，特殊情况为了便于核查数据质量也会放在问卷的标题页。

例如：在国有企业反腐倡廉民意调查的问卷最后，以“感谢您对本次调查的支持与配合！”结尾。又如：住户收支与生活状况调查中，访问日期、访问开始时间、访问结束时间、调查员姓名、调查员编号、调查员联系电话、被访者姓名、联系电话等信息调查实施的“调查证明”信息，一般是访问结束后再询问完成的，属于结尾部分。但为了方便后期的审核，一般会放在问卷的首页，具体如下：

**住房和耐用消费品拥有情况**

| 层级 | 县、市、区 | 乡、镇、街道 | 村、居委会 | 调查小区 | 住宅 | 住户 |
|---|---|---|---|---|---|---|
| 地址/户主姓名 | | | | | | |
| 编码 | | | | | | |

1. 开户调查：201　年　月

2. 年度调查：201　年

访问时间

| 序号 | 月 | 日 | 访问开始时间 | 访问结束时间 |
|---|---|---|---|---|
| 1 | | | ______时______分 | ______时______分 |
| 2 | | | ______时______分 | ______时______分 |

被访者姓名：________　联系电话：________

调查员姓名：________　调查员编号：________　调查员联系电话：________

问卷一审人签名：________　问卷复核人签名：________

### 2.1.3 问卷的类型

#### 2.1.3.1 按调查方法分类

根据调查方法的不同，把问卷分为面访调查问卷、电话调查问卷、邮寄调查问卷、网络调查问卷和定性调查问卷。

1.面访调查问卷，是目前采用最多的一种，不论是入户面访、街道拦访、手持PDA终端、手机终端还是计算机辅助的面访调查CAPI，都需要由调查员提问，并在纸质问卷或电子问卷中记录调查单位或填报单位的选择答案或回答内容。

2.电话调查问卷，要求问卷整体简洁明了，同样需要访问员通过电话终端提问并提供备选答案，记录调查单位或填报单位的选择答案或回答内容。

3.邮寄调查问卷，要求说明词部分阐述详细，同时提供填写说明，问卷主体部分简洁，需要调查单位或填报单位按照填写说明进行记录数据，并将问卷邮寄给调查组织机构。

4.网络调查问卷，比如联网直报、E-mail等形式，与邮寄调查问卷类似，需要调查单位或填报单位按照填写说明进行记录数据，并通过互联网网络提交或回复问卷。

5.定性调查问卷，表现为调查问题提纲形式的问卷，如小组座谈法等定性调查常采用，可以人工记录，也可以结合录像录音记录数据。

#### 2.1.3.2 按调查问卷的填写方式分类

根据调查问卷的填写方式不同，分为自填式问卷和访问式问卷。

1.自填式问卷，顾名思义由调查单位或填报单位自己填写，常用于邮寄调查和网络调查，特别是现在国家统计局实行的网上直报就是最常用的自填式问卷，由调查单位的统计人员自行填报，各级统计调查机构都不能随意修改。

2.访问式问卷，主要由调查人员来填写问卷，比如面访调查、电话调查、小组座谈法等。

#### 2.1.3.3 按问卷中问题的回答方式分类

根据问卷中回答问题的形式，分为封闭式问卷、开放式问卷和半封闭式问卷。

1.封闭式问卷，指问卷中所有问题都提供了相应备选答案选项，且问题顺序及答案的提法措辞都是经过事前精心设计，一般不允许调整，只需要调查单位或填报单位从中进行选择，不允许自由发挥来组织语言表达。

2.开放式问卷，指问卷中所有问题只提供提问，不提供备选答案，且仅为一个问题提纲，问题的顺序需要在实施时视情况可以调整，需要调查单位或填报单位自行组织语言表达。多适用于调查研究的初期，探测性调查多使用该类问卷。

3.半封闭半开放式问卷，指处于上述二者之间的问卷形式，现实调查中多采用此形式。比如：国有企业反腐倡廉民意调查问卷就是典型的半封闭半开放式问卷，整个问卷只有 001 问卷编号和 16 题是开放型问题，其余都是封闭型问题。

又如：住户收支与生活状况调查中，基层年报 T101 表，即住房和耐用消费品拥有情况的 B1 中，第一部分期末现住房基本情况中只有 B105 是开放型问题，其余是封闭型问题，但第二至七部分又只有 B126 是封闭型问题。具体如下：

**B1 住房基本情况**

| 问题 | 计量单位 | 代码 | 数量 |
|---|---|---|---|
| **一、期末现住房基本情况** | — | — | — |
| 本住户居住类型①普通住宅 ②集体宿舍和工棚 ③工作地住宿 | — | B101 | |
| 本住户居住空间样式？<br>①单栋楼房②单栋平房③四居室及以上单元房④三居室单元房<br>⑤二居室单元房⑥一居室单元房⑦筒子楼或连片平房⑧其他 | — | B102 | |
| 主要建筑材料①钢筋混凝土②砖混材料③砖瓦砖木④竹草土坯⑤其他 | — | B103 | |
| 房屋来源①租赁公房②租赁私房③自建住房④购买商品房<br>⑤购买房改住房⑥购买保障性住房⑦拆迁安置房⑧继承或获赠住房<br>⑨免费借用房⑩雇主提供免费住房⑪其他 | — | B104 | |
| 建筑面积(保留整数) | 平方米 | B105 | |
| 住宅外道路路面情况①水泥或柏油路面②沙石或石板等硬质路面③其他 | — | B106 | |
| 是否有管道供水①管道供水入户②管道供水至公共取水点③没有管道设施 | — | B107 | |
| 主要饮用水来源①经过净化处理的自来水②受保护的井水和泉水<br>③不受保护的井水和泉水④江河湖泊水⑤收集雨水⑥桶装水⑦其他水源 | — | B108 | |
| 获取饮用水存在的主要困难①单次取水往返时间超过半小时<br>②间断或定时供水③当年连续缺水时间超过 15 天④无上述困难 | — | B109 | |
| 饮用前在家里所采取的主要处理措施①煮沸②加漂白剂/氯等<br>③使用水过滤器④其他处理措施⑤没有任何水处理措施 | — | B110 | |

续表 1

| 问题 | 计量单位 | 代码 | 数量 |
| --- | --- | --- | --- |
| 厕所类型①水冲式卫生厕所(冲入下水道、化粪池和厕坑)②水冲式非卫生厕所(冲入其他地方)③卫生旱厕④普通旱厕⑤无厕所 | — | B111 | |
| 厕所使用情况①本住户独用②几户合用③公用厕所 | — | B112 | |
| 洗澡设施①统一供热水②家庭自装热水器③其他④无洗澡设施 | — | B113 | |
| 主要取暖设备状况①由市政或小区集中供暖②自行供暖③无取暖设备 | — | B114 | |
| 主要取暖用能源状况①柴草②煤炭③罐装液化石油气④管道液化石油气⑤管道煤气⑥管道天然气⑦电⑧燃料用油⑨沼气⑩其他⑪无取暖行为 | — | B115 | |
| 主要炊用能源状况①柴草②煤炭③罐装液化石油气④管道液化石油气⑤管道煤气⑥管道天然气⑦电⑧燃料用油⑨沼气⑩其他 ⑪无炊用行为 | — | B116 | |
| **以下二至七部分仅由家庭居住户(不含住家保姆、住家家庭帮工)填答。** | | | |
| **二、自有现住房情况【现住房为自有房者,即 B104 选③—⑧者回答。】** | — | — | — |
| 自有现住房建筑年份 | — | B117 | |
| 自有现住房市场价估计值 | 万元 | B118 | |
| 同类住房的市场价月租金 | 元 | B119 | |
| 现住房购(建)房时间 | — | B120 | |
| 购(建)房总金额 | 万元 | B121 | |
| 购(建)房时借贷款总额(不含利息) | 万元 | B122 | |
| 其中:按揭贷款 | 万元 | B123 | |
| 购(建)房时借贷款总利息 | 万元 | B124 | |
| 借贷款还款总年限 | 年 | B125 | |
| 现在是否还在还款①是②否 | — | B126 | |
| **三、租赁房实际月租金【现住房为租赁房者,即 B104 选①②者回答。】** | 元 | B127 | |
| **四、期内拥有其他房屋情况** | — | — | — |
| 1. 出租住房情况 | — | — | — |
| 建筑面积 | 平方米 | B128 | |
| 房屋估价 | 万元 | B129 | |
| 月租金 | 元 | B130 | |
| 2. 出租商用建筑物情况 | — | — | — |
| 建筑面积 | 平方米 | B131 | |
| 房屋估价 | 万元 | B132 | |
| 月租金 | 元 | B133 | |

续表2

| 问题 | 计量单位 | 代码 | 数量 |
|---|---|---|---|
| 3. 偶尔居住房情况 | — | — | — |
| 建筑面积 | 平方米 | B134 | |
| 房屋估价 | 万元 | B135 | |
| 4. 空宅或其他用途住房情况 | — | — | — |
| 建筑面积 | 平方米 | B136 | |
| 房屋估价 | 万元 | B137 | |
| **五、期内新购住房情况【新购住房者回答】** | — | — | — |
| 住房建筑面积 | 平方米 | B138 | |
| 购房总金额 | 万元 | B139 | |
| 购房时借贷款总额(不含利息) | 万元 | B140 | |
| 其中:按揭贷款 | 万元 | B141 | |
| 购房时借贷款总利息 | 万元 | B142 | |
| 借贷款还款总年限 | 年 | B143 | |
| **六、期内新建住房情况【新建住房者回答】** | — | — | — |
| 竣工建筑面积 | 平方米 | B144 | |
| 建房总费用 | 万元 | B145 | |
| 建房资金来源 | — | — | — |
| ①银行、信用社贷款 | 万元 | B146 | |
| ②亲友借款 | 万元 | B147 | |
| ③自筹资金 | 万元 | B148 | |
| ④其他资金 | 万元 | B149 | |
| **七、期内住房大修或装修费用** | 万元 | B150 | |

## §2.2 问卷设计原则与程序

### 2.2.1 问卷设计的原则

问卷设计是一项理论性、技术性和实践性很强的工作，其好坏直接关系到调查结果的质量和整个调查工作的成败。一份好的调查问卷应该能够满足分析目的的需求，又要能够准确方便搜集数据，还要便于记录和后期整理分析。

因此，要完成好这项工作，需要设计者不断在实践中积累经验，遵守一些长期实践中形成的基本原则，否则撰写分析报告时将发现需要分析的内容没有数据支撑，或发现有些数据在分析中没有用处。当然如果调查问卷的设计者和调查报告的撰写者一致，则可以尽量避免。

1. 目的性原则

目的性原则是衡量问卷有效性的重要原则。问卷设计的根本就是设计出紧密反映调查目的的调查问卷，从而保证获取足够、适用和准确数据。调查人员必备的职业能力之一，就是能够将调查目的具体分解为不同调查内容，再具体为调查变量(问题)形成调查问卷(表)的能力。

比如：国家统计局受中纪委和国务院国资委的共同委托而开展"国有企业反腐倡廉民意调查"，目的是了解和掌握国有企业反腐倡廉工作实际情况，为党和国家制定有关政策服务。根据对调查目的的分解，提出调查内容主要包括国有企业领导人员廉洁自律、权力监督等方面，具体表现为调查单位对国有企业领导人员廉洁自律、权力监督的满意度、重视程度、存在问题、问题表现和意见建议等共 16 个方面。

因此，对于问卷设计工作来说，调查目的就是灵魂，任何问题的提出都必须紧密反映调查目的。

2. 接受性原则

接受性原则也称人性化原则，具体表现在问卷措辞和问卷长度两个方面，违背该原则往往会造成调查很难实施。一方面，指问卷中的措辞要通俗易懂，尽量不要使用专业、生僻甚至使调查单位或填报单位反感的措辞，避免不必要的回答或填报困难，这一部分将在第四节设计技巧中详细介绍；另一方面，指问卷的长度要适度，问卷所搜集的信息要与调查方法相适应。比如：面访调查由于是派员调查，一般问卷长度可以比其他调查方法长些；电话调查由于时效性快等特点，使得其使用的调查问卷不能过长；同样邮寄调查由于是非派员调查，问卷的长度也不应过长。

3. 顺序性原则

为了确保问卷设计兼备整体性和紧凑性的特点，编排问卷时要考虑问题的顺序，大多数按照调查单位或填报单位的逻辑思维习惯设计并编排问题的顺序。因此，很多调查问卷会出现不同的部分，逻辑关系密切且反映某方面的问题成为一部分,称为分块化处理。例如:在住户收支与生活状况调查中,基层年报T101表,即住房和耐用消费品拥有情况(B)中,分为B1和B2两大部分,其中在B1住房基本情况中又分为期末现住房基本情况、自有现住房情况、租赁房实际月租金、期内拥有其他房屋情况、期内新购住房情况、期内新建住房情况、期内住房大修或装修费用七个部分。详细的编排顺序技巧见本章第四节。

4. 简明性原则

简明性原则指在问卷设计中应避免使用模棱两可、含糊不清的措辞,保证提问和答案设计中措辞简洁明了,从而保证提问清晰明确、便于回答,答案明确规范口径一致。很多时候为了达到简明提问,会在提问的后面加一些提示或注释。

5. 非诱导性原则

非诱导性指问卷中问题的提问和答案设置尽量保持中立,不能具有某种倾向性,即不能出现引导调查单位或者填报单位回答的语句表达方式。详见本章第四节中的提问设计技巧。

6. 匹配性原则

匹配性原则充分体现了问卷设计与调查工作各过程的联系,设计问卷时就要考虑到不同问卷适用于不同调查方法、不同问题形式适用于不同分析方法等,还要考虑到方便后期的数据分析。比如:电话调查要求问卷语句表述简洁明了,且问卷不能过长;考虑到数值型数据要使用一些解析性分析方法,则需要尽量设置为填空形式的开放型问题,而不是选择分组形式的封闭型问题;考虑到方便后期数据录入等整理分析,则应在问卷中进行事先编码,且最好使用数字代码等。

### 2.2.2 问卷设计的程序

问卷设计是建立在对调查目的充分认识和分解的基础上,综合考虑调查时间、调查经费等因素进行调整,试调查以后交付使用的一个过程。因此,问卷设计一般要经过以下四个过程,具体流程如图2-1。

1. 准备阶段——问卷设计的基础

要设计一份调查问卷,首要工作并不是马上罗列调查问题,而是要首先明确调查目的。一定要充分明确调查服务对象所面对的问题,以及通过调查所获得数据和信息的需求，尽可能多地与其反复沟通达成共识，把需求分解为不同的调查内容。通过专家访谈、小组座谈、文案调查、个人深访等定性调查形式，清晰明确调查目的，甄别哪些调查内容可以通过收集分析现有资料（文案调查法）获取，哪些调查内容必须实施新的实地调查获取，然后再针对需要实地调查的内容提出若干调查变量（调查问题），并确定其反映调查目的和调查内容的情况，以及分析调查对象的各种特征，为拟定问卷提供基础。如果调查的目的不清晰明确、过于空洞、泛泛而谈，设计出的问卷将无法满足分析要求和服务对象的需求。

2. 初步设计阶段——问卷设计的核心

初步设计阶段需根据调查目的的要求、调查对象的特点、问卷设计的原则，以及调查时间、调查经费等因素的要求，筛选确定出最终的调查问题、并确定问题的类型、提问的措辞及问题的大致顺序；设计备选答案及斟酌其措辞；拟定问卷开头部分的说明词等内容；添加完善提示和编码；同时对问卷进行美观的专业化编排设计。

3. 评估修改阶段——问卷设计的关卡

问卷正式使用前要进行必要的评估，主要的方式有模拟调查（试调查）和问卷测试评估系统。其中，对初步设计出的问卷在小范围内进行模拟调查，及时发现问卷中存在的问题，并做必要的修改，使问卷更加完善，模拟调查在问卷设计中至关重要，也是调查方案设计中必不可少的环节。一方面，可以检查出问卷中存在的问题，比如哪些措辞不明确、哪些问题是冗余的、问卷中有无重复之处、开放型问题是否留有足够的空间、问卷的字体编排哪些不明显等；同时，还可能发现调查方案设计的问题，比如调查方法是否最优、调查时间是否充分等。

4. 交付使用阶段——问卷设计的结束

正式调查问卷确定以后，需将最后定稿的问卷交付调查实施环节使用。根据不同的调查方法处理方式不同，利用纸质问卷的面访调查、邮寄调查，需要根据调查样本容量或总体容量进行印制工作；网络调查、计算机辅助的电话调查及面访调查，则需要按照相应网站或软件的要求进行相应的录入和转换工作。

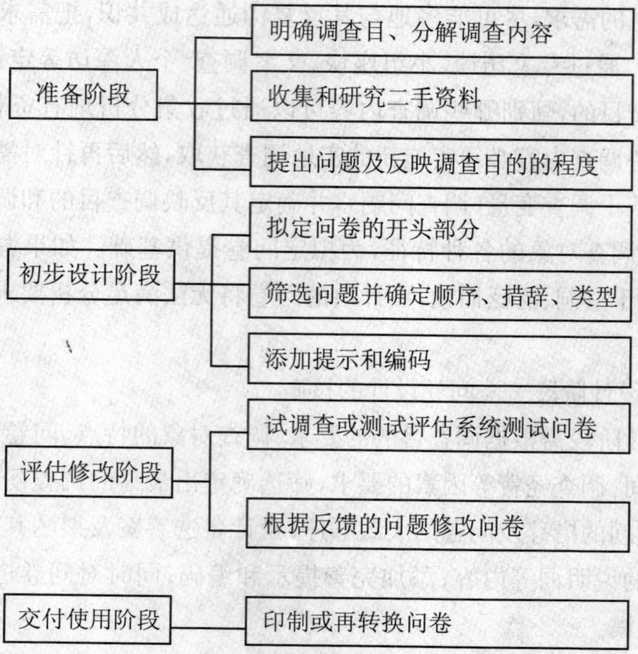


**图 2-1　问卷设计流程图**

# § 2.3　问卷中问题类型

问题是问卷主体部分的重要构成，是调查目的和调查内容的具体体现。不同分类标准，问题的分类不同。下面主要详细介绍一下按照问题的形式不同，问题分为开放型问题和封闭型问题。

## 2.3.1　开放型问题

开放型问题是只进行提问，不提供备选答案的问题，调查单位或填报单位可以围绕主题自己组织语言进行回答。这种题型对于调查单位或填报单位而言各有利弊，可以充分自由发挥同时回答难度增大，对于调查组织单位而言可以搜集形式多样的答案，但难于记录和整理分析。一般包括填空式和自由回答式两种类型。

### 2.3.1.1　填空式问题

这种题型要求答案简洁，便于记录且便于录入等数据整理工作。一般适用于数值型数据,用0到9的数字组合编写,可以使数据非常精确;或适用于表述简洁的定性数据。在大多数的统计报表中采用填空式的问题非常多,但在市场调查问卷中则正好相反,采用封闭型的问题特别多。

例如:住户收支与生活状况调查中,基层年报T101表,即住房和耐用消费品拥有情况(B)中,自有现住房情况部分,除B126其余全部是填空式问题。

| 二、自有现住房情况【现住房为自有房者,即B104选③—⑧者回答。】 | — | — | — |
|---|---|---|---|
| 自有现住房建筑年份 | — | B117 | |
| 自有现住房市场价估计值 | 万元 | B118 | |
| 同类住房的市场价月租金 | 元 | B119 | |
| 现住房购(建)房时间 | — | B120 | |
| 购(建)房总金额 | 万元 | B121 | |
| 购(建)房时借贷款总额(不含利息) | 万元 | B122 | |
| 其中:按揭贷款 | 万元 | B123 | |
| 购(建)房时借贷款总利息 | 万元 | B124 | |
| 借贷款还款总年限 | 年 | B125 | |
| 现在是否还在还款①是②否 | — | B126 | |

又如:采购经理调查中,企业基本情况调查表内14~16题都属于填空式问题。

11 是否为国有控股企业①是□②否□

12 单位规模①大型□②中型□③小型□④微型□

13 行业代码(统计机构填写) □□□□

14 从业人员期末人数__人

15 主要经济指标(不保留小数位)

营业收入____千元 其中:主营业务收入____千元 资产总计千元

16 主要业务活动(填写营业收入份额最大的三项业务活动或主要产品,营业收入所占份额不保留小数)

| 业务活动(或主要产品)名称 | 行业代码 | 营业收入所占份额约为(%) |
|---|---|---|
| | | |
| | | |
| | | |

2.3.1.2 自由回答式问题

这种题型答案相比填空式要复杂的多，在具体实施时需要进行追问、澄清等技巧，否则获取的答案不深入。对于调查单位或者填报单位而言，回答难度相对比较高。问卷的匹配性比较低，不便于记录和整理分析。多用于小组座谈会、深度访谈法等定性调查中，在报表制度中不常见，但在专项调查等定量调查中只有个别问题，但不宜多。

例如：国有企业反腐倡廉民意调查问卷中最后的第 16 题您对国有企业坚持全面从严治党，进一步加大反腐败工作力度还有哪些意见和建议？请留下您的意见和看法。

该题就是自由回答式问题，放在问卷最后，是对前面众多封闭型问题的补充。

### 2.3.2 封闭型问题

封闭型问题是调查组织机构不仅事先设计好提问，且需要设计好各种可能的备选答案，调查单位或填报单位只需要从中选定一个或几个备选答案即可完成。这种题型会大大降低调查单位或填报单位的回答难度，体现调查组织单位的设计意图，同时便于记录和整理分析，提高调查效率。但是，备选答案的设计需要很强的技巧，设计不周会增加回答难度，并获取不准确甚至无用数据。这种问题包括二项选择式和多项选择式两种基本题型，还包括排序式、表格式等多种演绎题型。

例如：国有企业反腐倡廉民意调查问卷中，除了 001 问卷编号和 16 题是开放型问题，其余都属于封闭型问题。

又如：住户收支与生活状况调查中，基层年报 T101 表，即住房和耐用消费品拥有情况 B1 中，期末现有住房基本情况中，除了建筑面积为填空式开放型问题外，其余全部是封闭型问题。

**B1 住房基本情况**

| 问题 | 计量单位 | 代码 | 数量 |
| --- | --- | --- | --- |
| **一、期末现住房基本情况** | — | — | — |
| 本住户居住类型①普通住宅 ②集体宿舍和工棚 ③工作地住宿 | — | B101 | |
| 本住户居住空间样式？<br>①单栋楼房②单栋平房③四居室及以上单元房④三居室单元房<br>⑤二居室单元房⑥一居室单元房⑦筒子楼或连片平房⑧其他 | — | B102 | |
| 主要建筑材料①钢筋混凝土②砖混材料③砖瓦砖木④竹草土坯⑤其他 | — | B103 | |
| 房屋来源①租赁公房②租赁私房③自建住房④购买商品房<br>⑤购买房改住房⑥购买保障性住房⑦拆迁安置房⑧继承或获赠住房<br>⑨免费借用房⑩雇主提供免费住房⑪其他 | — | B104 | |
| 建筑面积(保留整数) | 平方米 | B105 | |
| 住宅外道路路面情况①水泥或柏油路面②沙石或石板等硬质路面③其他 | — | B106 | |
| 是否有管道供水①管道供水入户②管道供水至公共取水点③没有管道设施 | — | B107 | |
| 主要饮用水来源①经过净化处理的自来水②受保护的井水和泉水<br>③不受保护的井水和泉水④江河湖泊水⑤收集雨水⑥桶装水⑦其他水源 | — | B108 | |
| 获取饮用水存在的主要困难①单次取水往返时间超过半小时<br>②间断或定时供水③当年连续缺水时间超过15天④无上述困难 | — | B109 | |
| 饮用前在家里所采取的主要处理措施①煮沸②加漂白剂/氯等<br>③使用水过滤器④其他处理措施⑤没有任何水处理措施 | — | B110 | |
| 厕所类型①水冲式卫生厕所(冲入下水道、化粪池和厕坑)<br>②水冲式非卫生厕所(冲入其他地方)③卫生旱厕④普通旱厕⑤无厕所 | — | B111 | |
| 厕所使用情况①本住户独用②几户合用③公用厕所 | — | B112 | |
| 洗澡设施①统一供热水②家庭自装热水器③其他④无洗澡设施 | — | B113 | |
| 主要取暖设备状况①由市政或小区集中供暖②自行供暖③无取暖设备 | — | B114 | |
| 主要取暖用能源状况①柴草②煤炭③罐装液化石油气④管道液化石油气⑤管道煤气⑥管道天然气⑦电⑧燃料用油⑨沼气⑩其他⑪无取暖行为 | — | B115 | |
| 主要炊用能源状况①柴草②煤炭③罐装液化石油气④管道液化石油气⑤管道煤气⑥管道天然气⑦电⑧燃料用油⑨沼气⑩其他⑪无炊用行为 | — | B116 | |

2.3.2.1 基本题型

1. 二项选择式

二项选择式又称是非式和交替式，这种类型的问题只有两种备选答案，选择非此即彼。这种问题便于调查单位或填报单位选择，且易于统计处理。但正因为如此，只能针对一些事实或简单的态度进行提问，不适用于复杂准确的态度度量以及原因探讨，因此，需要其他问题作为补充进行深入提问，使问题更加明确。

最常见有"是"与"否"、"有"与"无"、"好"与"坏"、"喜欢"与"不喜欢"等等。

例如：采购经理调查制度中，企业基本情况调查表内08和11题，

08 是否有出口业务①是□②否□

11 是否为国有控股企业①是□②否□

又如：住户收支与生活状况调查中，住户收支与生活状况调查问卷F，即社区基本情况，大部分问题都是两种备选答案选项。

| 问题 | 计量单位 | 代码 | 数量 |
|---|---|---|---|
| (一)以下内容按自然村或居委会填报 | | | |
| 本社区的土地性质主要属于：①国有土地　②集体土地 | — | F101 | |
| 本社区是否通公路？　①是②否 | — | F102 | |
| 本社区能否便利地乘坐公共汽车？　①是②否 | — | F103 | |
| 本社区是否通电？　①是②否 | — | F104 | |
| 本社区是否通电话？　①是②否 | — | F105 | |
| 本社区能否接收有线电视信号？　①能②否 | — | F106 | |
| 本社区饮用水是否经过集中净化处理？　①是②否 | — | F107 | |
| 本社区主要饮用水水源中是否含有化学污染？<br>①高氟②高砷③其他化学污染④没有化学污染 | — | F108 | |
| 本社区是否开通了管道燃气？　①是②否 | — | F109 | |
| 本社区是否有市政或小区集中供暖？　①是②否③不适用 | — | F110 | |
| 进入社区道路的路面状况①水泥或柏油路面②沙石或石板等硬质路面③其他 | — | F111 | |
| 社区内主要道路路面状况①水泥或柏油路面②沙石或石板等硬质路面③其他 | — | F112 | |
| 社区内主要道路是否有路灯？　①是②否 | — | F113 | |
| 社区内垃圾是否能够做到集中处理？　①是②否 | — | F114 | |
| 社区内是否有健身器材？　①是②否 | — | F115 | |
| 社区内是否有绿化园林景观设计？　①是②否 | — | F116 | |
| 社区是否有卫生站(室)？　①是②否 | — | F117 | |
| 上幼儿园或学前班的便利程度如何①社区内有，且便利<br>②社区内无，但入园较便利③不便利 | — | F118 | |

续表

| 问题 | 计量单位 | 代码 | 数量 |
|---|---|---|---|
| 上小学的便利程度如何？　①社区内有，且便利<br>②社区内无，但入学较便利③不便利 | — | F119 | |
| 社区是否在本年度发生过盗窃或其他刑事案件？　①是②否 | — | F120 | |
| 社区是否有专职安全保卫人员？　①是②否 | — | F121 | |
| **(二)以下内容按行政村填报** | | | |
| 本村所处地势①平原②丘陵（半山区）　③山区 | — | F122 | |
| 本村是否少数民族村？　①是②否 | — | F123 | |
| 本村是否开展退耕还林还草工作？　①是②否 | — | F124 | |
| 本村到最近县城的距离 | 公里 | F125 | |
| 本村到最近乡镇的距离（位于乡镇政府驻地则填 999） | 公里 | F126 | |
| 本村到最近火车站/汽车站/码头的距离 | 公里 | F127 | |
| 本村到最近邮局的距离 | 公里 | F128 | |
| 本村到最近集市的距离 | 公里 | F129 | |
| 本村到能购买化肥等农资的商店的距离 | 公里 | F130 | |
| 本村是否有拥有合法行医证的医生？　①是②否 | — | F131 | |
| 本村是否有合格接生员？　①是②否 | — | F132 | |

2. 多项选择式

多项选择式的问题需要事先提供三个及三个以上备选答案，调查单位或填报单位根据要求，结合实际情况从中选择一个或几个备选答案来回答。只选择一个答案称单选题，选择二个或二个以上答案称多选择题，且答案之间平等无差异。

例如：住户收支与生活状况调查中、基层年报 T101 表，即住房和耐用消费品拥有情况 B1 中，期末现有住房基本情况中，除了 B105 建筑面积为填空式开放型问题外，其余全部是多项选择式的单选题。

又如：采购经理调查中，制造业采购经理调查问卷内第 11 题属于多项选择式的多选题。

11 贵企业目前在生产经营和采购过程中遇到的主要问题或困难是什么？（可多选）

①□资金紧张②□市场需求减少、订单不足③□生产用主要原材料价格上涨

④□运输成本上涨⑤□劳动力成本上涨⑥□能源等原材料供应紧张

⑦□劳动力供应不足⑧□人民币汇率波动⑨□其他(请具体说明):________

对多选题一般没有选项数目的限制,但很多时候为便于统计,调查机构会将多选题设计为限制性选择题,即要求调查单位或填报单位最多从备选答案中选择指定项数或者不超过指定项数,或者演绎成排序式问题。

例如:在国有企业反腐倡廉民意调查问卷中,调查内容部分的2、3、13和14题都标注(限选三项),就属于限制性选择题。

2.3.2.2 演绎题型

1. 排序式

调查单位或填报单位根据问题中的提示将所有备选答案进行排序,或者依照某种程度选择。具体表现为全部排序和限制性排序两种形式。

第一种,限制性排序,即按顺序选择主要几个方面。由于一般的多项选择题数据无法体现主次性质,为此特提出限制性排序问题,下面就国有企业反腐倡廉民意调查问卷中,调查内容部分的第2题(限选三项)为例进行剖析。

2. 您对今年国有企业党风建设和反腐败斗争的哪些工作感到满意?(限选三项)

(1)严明政治纪律和政治规矩,维护党的团结统一

(2)落实中央八项规定精神,狠抓作风建设

(3)打"老虎",查处企业领导人员腐败案件

(4)加大巡视工作力度

(5)依规依纪治党,完善党风建设法规制度

(6)拍"苍蝇",纠正群众身边的不正之风和腐败现象

(7)改革国有企业纪律检查体制

(8)其他

该题设计为限制性排序问题,分析时效果会更好。即:您对今年国有企业党风建设和反腐败斗争的哪项工作最满意(),其次满意的是(),再次满意的是()。这样搜集的数据信息还同时具备满意程度信息。

第二种，全部排序，即按顺序对所有备选答案排序。评价项目少时效果非常好，但评价项目很多时会增大排序难度，此时最好采用限制性排序。如：您对今年国有企业党风建设和反腐败斗争中的具体工作进行满意度评价，请您按满意程度进行排序。最满意记为1，其次记为2，以此类推。

| 作风建设和反腐败斗争工作 | 满意程度 |
| --- | --- |
| (1)严明政治纪律和政治规矩，维护党的团结统一 | |
| (2)落实中央八项规定精神，狠抓作风建设 | |
| (3)打“老虎”，查处企业领导人员腐败案件 | |
| (4)加大巡视工作力度 | |
| (5)依规依纪治党，完善党风建设法规制度 | |
| (6)拍“苍蝇”，纠正群众身边的不正之风和腐败现象 | |
| (7)改革国有企业纪律检查体制 | |
| (8)其他(请注明________) | |

2. 矩阵式或表格式

当多个问题的备选答案相同时，一般将其设计成矩阵式或表格式。节省问卷空间的同时，可以比较系统地进行比较，而且可以简化说明介绍，调查单位或填报单位也可以比较系统地进行回答，但不要设计过大过复杂的表格，从而提高调查效率。

例如：采购经理调查中，制造业采购经理调查问卷第091题就是一个近似的表格式问题。

091 下列各类原材料一般需要提前多少天订货？(不包括套期保值与投机商品)

国内采购的生产用原材料□随用随买□30天□60天□90天□6个月□1年

进口的生产用原材料□随用随买□30天□60天□90天□6个月□1年□没有进口

生产或维修用零部件□随用随买□30天□60天□90天□6个月□1年

生产用固定资产□随用随买□30天□60天□90天□6个月□1年□没有订货

也可以转化为如下的表格形式：

| 订货频次<br>订货类型 | 随用随买 | 30 天 | 60 天 | 90 天 | 6 个月 | 1 年 | 没有 |
|---|---|---|---|---|---|---|---|
| 国内采购的生产用原材料 | 1 | 2 | 3 | 4 | 5 | 6 | 7 |
| 进口的生产用原材料 | 1 | 2 | 3 | 4 | 5 | 6 | 7 |
| 生产或维修用零部件 | 1 | 2 | 3 | 4 | 5 | 6 | 7 |
| 生产用固定资产 | 1 | 2 | 3 | 4 | 5 | 6 | 7 |

3. 配对比较式

配对比较式指设计一系列两项选择式问题，要求调查单位或填报单位从每个问题的两个备选答案中选择其一。该方式的使用效果与排序式相当，但可以获得两两对比的效果，一般统计选择项目的比重（频率），并据此排序。

例如：下面是消费者购买品牌电脑时的考虑因素，请您在每对因素中选择您认为更重要的因素。［出示卡片，每行二者选择一者］

| 两种因素 | | 更重要的因素 |
|---|---|---|
| 1. 价格合适 | 2. 广告做得多 | |
| 1. 质量好 | 2. 价格合适 | |
| 1. 售后服务好 | 2. 用的人多 | |
| 1. 功能多 | 2. 质量好 | |
| 1. 品牌有名 | 2. 有促销活动 | |
| 1. 亲戚朋友推荐 | 2. 售后服务好 | |
| 1. 有促销活动 | 2. 功能多 | |
| 1. 用的人多 | 2. 品牌有名 | |
| 1. 广告做得多 | 2. 亲戚朋友推荐 | |

4. 量表

在社会经济调查中，很多时候会搜集一些反映调查单位或填报单位情感、认知或意向等态度方面的数据，通常对其采用打分或者评定等级的方式测量，这种方法称为量表。常用于测量调查单位或填报单位对某事物的若干特征进行程度比较的情况，将特征与反映特征的程度排列形成表格，由调查单位或填报单位在表格中确定得分或选项。最终汇总时只需统计每一特征的分数或选项的频数分布，即可获知该特征的程度。比如喜好程度、赞成程度、满意程度、相信程度、丰富程度、重要程度等等。

量表一般有2级、3级、5级、7级、10级等量表，级数越低的量表反映程度越粗略，通常采用5级、7级或10级，能够相对清楚地反映程度的细微差异。

量表具体根据表现形式有李克特量表、语义差别量表、斯塔普尔量表、项目间比较量表等，在国家统计调查中少有见到，但在社会调查或市场调查中常常使用，下面进行逐一介绍。

（1）李克特量表

又称加总打分量表，市场调查应用非常广泛。由一组需要反映态度的问题组成，调查单位或填报单位根据态度的不同程度进行选择分数或选项。这种方法的好处在于可以获得对某事物各方面的态度情况，同时，通过对各方面的态度分数加和，还可以得到对该事物总体的态度。

例如：国有企业反腐倡廉民意调查问卷第二部分的第2题，可以进行如下修改。

请您对今年国有企业党风建设和反腐败斗争工作的满意度进行评价。

| 评价指标（国有企业党风建设和反腐败斗争工作） | 非常满意 | 比较满意 | 一般 | 不满意 | 非常不满意 |
|---|---|---|---|---|---|
| （1）严明政治纪律和政治规矩，维护党的团结统一 | 5 | 4 | 3 | 2 | 1 |
| （2）落实中央八项规定精神，狠抓作风建设 | 5 | 4 | 3 | 2 | 1 |
| （3）打“老虎”，查处企业领导人员腐败案件 | 5 | 4 | 3 | 2 | 1 |
| （4）加大巡视工作力度 | 5 | 4 | 3 | 2 | 1 |
| （5）依规依纪治党，完善党风建设法规制度 | 5 | 4 | 3 | 2 | 1 |
| （6）拍“苍蝇”，纠正群众身边的不正之风和腐败现象 | 5 | 4 | 3 | 2 | 1 |
| （7）改革国有企业纪律检查体制 | 5 | 4 | 3 | 2 | 1 |

分析时不但可以获得对国有企业党风建设和反腐败斗争工作每项工作的满意度情况评价，还可以获取对国有企业党风建设和反腐败斗争工作的总体评价，如果总体得分35分，则表明非常满意，得分为7分，则表明非常不满意，期间不同分数则对应不同的满意程度。一般这类分析需要总分相结合进行。

（2）语义差别量表

又称奥斯古德量表，指设计一系列两两相反的形容词，并在二者之间设计等距离的分值，调查单位或填报单位根据自己实际的态度从中选择其一，多用7级或10级量表形式。

例如：下面是形容品牌电脑的几对词语，如果完全同意左侧的词语请选择

1,完全同意右侧的词语则请选择 10,否则选择中间的数字。

分值

| | | | | | | | | | | | |
|---|---|---|---|---|---|---|---|---|---|---|---|
| 价格高 | 1 | 2 | 3 | 4 | 5 | 6 | 7 | 8 | 9 | 10 | 价格低 |
| 质量好 | 1 | 2 | 3 | 4 | 5 | 6 | 7 | 8 | 9 | 10 | 质量差 |
| 售后服务好 | 1 | 2 | 3 | 4 | 5 | 6 | 7 | 8 | 9 | 10 | 售后服务差 |
| 功能多 | 1 | 2 | 3 | 4 | 5 | 6 | 7 | 8 | 9 | 10 | 功能少 |
| 品牌有名 | 1 | 2 | 3 | 4 | 5 | 6 | 7 | 8 | 9 | 10 | 品牌无名 |

(3)斯塔普尔量表

是对语义差别量表的改进,指设计一系列单方面的形容词,并确定不同的等级分值以供选择。仍以上面的示例,则表示为:

分值

| | | | | | | | | | | |
|---|---|---|---|---|---|---|---|---|---|---|
| 价格高 | 1 | 2 | 3 | 4 | 5 | 6 | 7 | 8 | 9 | 10 |
| 质量好 | 1 | 2 | 3 | 4 | 5 | 6 | 7 | 8 | 9 | 10 |
| 售后服务好 | 1 | 2 | 3 | 4 | 5 | 6 | 7 | 8 | 9 | 10 |
| 功能多 | 1 | 2 | 3 | 4 | 5 | 6 | 7 | 8 | 9 | 10 |
| 品牌有名 | 1 | 2 | 3 | 4 | 5 | 6 | 7 | 8 | 9 | 10 |

(4)项目间比较量表

类似于配对比较问题,只是对每对问题进行打分,常用 100 分作为总分在两项间进行分配。

例如:下面是消费者购买品牌电脑时的考虑因素,请您对每对因素的重要性进行打分,总分为 100 分,在每两项间进行分配。这类问题相对回答难度增加,尤其是对比组比较多的时候,可能会存在逻辑错误。

| 因素 1 | 分数 | 因素 2 | 分数 |
|---|---|---|---|
| 1. 价格合适 | | 2. 广告做得多 | |
| 1. 质量好 | | 2. 价格合适 | |
| 1. 售后服务好 | | 2. 用的人多 | |
| 1. 功能多 | | 2. 质量好 | |
| 1. 品牌有名 | | 2. 有促销活动 | |
| 1. 亲戚朋友推荐 | | 2. 售后服务好 | |
| 1. 有促销活动 | | 2. 功能多 | |
| 1. 用的人多 | | 2. 品牌有名 | |
| 1. 广告做得多 | | 2. 亲戚朋友推荐 | |

# § 2.4 问卷设计技巧

一份成功的问卷，不但要让调查单位或填报单位容易接受，而且要能够将调查的目的准确且毫无冗余地体现出来，保证问卷科学、专业、美观、清晰和适用。为此，设计问卷在遵循设计原则的同时，还需要掌握一些提问设计、答案设计、编排设计等方面的基本技巧。

## 2.4.1 问题的设计技巧

### 2.4.1.1 用词要明确，避免使用不确切的词或含糊不清的问句

问题的提问要简明扼要、不能模棱两可，要避免使用“一般”“经常”等意思不确切的词和“含糊不清”的问句。一般在提问中要达到明确，可以使用谁、何时、何地、为什么、如何、做什么这五要素去加以判断推敲。有些问卷中发现的一题多问的情况，也属于提问不明确，含糊不清的情况。

在报表制度中这类问题一般很少出现，主要大多采用填空式搜集数值型数据，同时会增加指标解释部分；但在一些专项调查中没有办法做到像报表制度一样完备，设计考虑不周全则可能出现。

例如：采购经理调查中，制造业采购经理调查问卷的第 091 题，设计得就比较明确，如果设置成填空式开放型问题就要更加准确，但对于“随用随买、没有进口及没有订货”这三个选不是很容易表示，所以 091 题的提问很准确，同时答案设计也很明确。

091 下列各类原材料一般需要提前多少天订货？

国内采购的生产用原材料□随用随买□30 天□60 天□90 天□6 个月□1 年

进口的生产用原材料□随用随买□30 天□60 天□90 天□6 个月□1 年□没有进口

生产或维修用零部件□随用随买□30 天□60 天□90 天□6 个月□1 年

生产用固定资产□随用随买□30 天□60 天□90 天□6 个月□1 年□没有订货

如果将问题设计为“091 经常购买下列各类原材料吗？（不包括套期保值与投机商品）”，同时答案设计为“经常、偶尔、不购买”的话，则不管提问还是答案设计都用词不明确，且得到的数据口径不统一。

又如：国有企业反腐倡廉民意调查问卷中，调查内容的第一题“1. 您对今年

国有企业党风建设和反腐败工作取得的成效是否满意?(限选一项)”,如果单独使用这一个问题,则该提问过于笼统、不明确,属于一题多问的情况,会使调查单位或填报单位很难准确回答,或得出的数据也不准确。一般问卷中会配合其他问题一起提问,诸如结合第2、3题等问题进行设计,则既可得到总体评价情况,又可以得到不同角度不同方面的评价,从而构成一个评价体系。

再如:请问您的收入是多少元。

该提问不明确,是您的个人收入还是家庭收入,您的月收入还是年收入,是工资收入还是各种来源的总收入,这些都没有明确,建议修改为“过去三个月,在交税和各种扣除之前,您的个人总收入是多少元(包括工资和所有其他来源的收入)。”

#### 2.4.1.2 用词要通俗易懂,避免使用专业术语或一些简写语言

由于要考虑到调查单位或填报单位的文化程度的差异,问卷中尽量使用通俗易懂的语言表述,避免使用一些生僻词语或专业术语,如果出现最好加以提示(注释)。

例如:请问您使用过Office软件吗?这里的Office软件就是专业术语,可能会使某些调查单位或填报单位产生回答上的困难,建议在问卷设计中,对Office软件进行简要的注释说明,修改为“请问您使用过Office软件吗?(包括Word文档、Excel工作表、Powerpoint演示文稿、Access应用程序等)。”

又如:住户收支与生活状况调查中,住户收支与生活状况调查问卷C,即收支情况,大部分问题后面都有()的内容进行注释,以达到通俗易懂和统一数据口径的目的。

#### 2.4.1.3 问题要适合所有的被访者,否则考虑使用过滤性问题

问题设计要考虑是否适合所有的调查单位或填报单位回答,如果只是部分单位能够回答,则需要在前面设计一个过滤性问题,结合必要的提示配合完成。以免引起调查过程中不必要的麻烦,或造成数据的不准确。

例如:住户收支与生活状况调查中,基层年报T101表,即住房和耐用消费品拥有情况的B1中,B104题“房屋来源”就属于一个过滤性问题,根据该项选择的不同,分别设计了适合不同选择者回答的自有现住房情况、租赁房实际月租金、期内拥有其他房屋情况、期内新购住房情况、期内新建住房情况等七个部分。

**C1 收入和非消费性支出**

**【填报对象:集体居住户、住家保姆、住家家庭帮工和记账确有困难的家庭居住户。】**

| 问题 | 计量单位 | 代码 | 住户成员或家庭 | | | | |
|---|---|---|---|---|---|---|---|
| 成员代码(由调查员根据问卷 A 填写,与 A 卷保持一致) | — | C100 | | | | | 99(家庭) |
| 成员姓名 | — | C101 | | | | | |
| 在过去的三个月,如果您有以下的收支项目,请填写相应的金额。 | — | — | — | — | — | — | — |
| **一、工资性收入** | — | — | — | — | — | — | — |
| (一)单位或雇主提供的现金收入 | — | — | — | — | — | — | — |
| 1. 工资(含奖金津贴,单位代扣的个税、个人缴纳的社会保障支出和住房公积金) | 元 | C102 | | | | | — |
| 2. 其他现金福利(如过节费、相当于现金的通用购物卡等) | 元 | C103 | | | | | — |
| (二)单位或雇主免费或低价提供的实物产品和服务的补贴折价 | — | — | — | — | — | — | — |
| 1. 实物产品补贴折价(如食品、保健品、床上用品、小家电等) | 元 | C104 | | | | | — |
| 2. 工作餐补贴折价 | 元 | C105 | | | | | — |
| 3. 住宿补贴折价(含水电费、取暖费、物业费等) | 元 | C106 | | | | | — |
| 4. 其他服务补贴折价(如免费和低价的班车、旅游等) | 元 | C107 | | | | | — |
| (三)零星或兼职劳动收入 | — | — | — | — | — | — | — |
| 1. 零星或兼职劳动中得到的现金收入(包括工资、津贴、奖金和现金福利) | 元 | C108 | | | | | — |
| 2. 实物补贴折价(如食品、保健品、小家电、免费或低价提供的工作餐和住宿) | 元 | C109 | | | | | — |
| **二、经营净收入(指扣除生产经营费用、生产税、生产性固定资产折旧等成本后得到的净收入)** | — | — | — | — | — | — | — |
| (一)第一产业经营净收入 | 元 | C110 | | | | | |
| (二)第二产业经营净收入 | 元 | C111 | | | | | |

续表

| 问题 | 计量单位 | 代码 | 住户成员或家庭 | | | | |
|---|---|---|---|---|---|---|---|
| (三)第三产业经营净收入(包括出租房屋收入、出租生产性资产收入等) | 元 | C112 | | | | | |
| **三、财产性收入(包括利息收入、红利和储蓄性保险净收益等)** | **元** | **C113** | — | — | — | — | |
| **四、转移性收入** | — | — | — | — | — | — | — |
| 1. 养老金或离退休金(包括现金或实物、卡券等形式) | 元 | C114 | | | | | — |
| 2. 社会救济和政策性生活补贴(包括现金或实物形式提供的低保金、抚恤金、救灾款、各种政策性生活补贴等) | 元 | C115 | — | — | — | — | |
| 3. 报销医疗费 | 元 | C116 | | | | | — |
| 4. 赡养收入 | 元 | C117 | — | — | — | — | |
| 5. 其他(如定期得到的捐赠或赔偿收入等) | 元 | C118 | — | — | — | — | |
| 五、其他非消费性支出 | — | — | — | — | — | — | — |
| 1. 生活贷款利息支出(如住房贷款、汽车贷款等利息支出,不含本金) | 元 | C119 | — | — | — | — | |
| 2. 个人所得税 | 元 | C120 | | | | | — |
| 3. 个人缴纳的社会保障支出 | — | — | — | — | — | — | — |
| 其中:养老保险 | 元 | C121 | | | | | — |
| 医疗保险 | 元 | C122 | | | | | — |
| 失业保险 | 元 | C123 | | | | | — |
| 住房公积金 | 元 | C124 | | | | | — |
| 4. 农村外来从业人员寄给家人的支出 | 元 | C125 | | | | | — |
| 5. 赡养支出 | 元 | C126 | — | — | — | — | |
| 6. 其他转移性支出(如经常性的捐赠或赔偿支出等) | 元 | C127 | — | — | — | — | |

2.4.1.4 问题和答案要保持中立,避免诱导性或否定式问题

问题的提问和答案要保持中立、客观,不能出现暗示引导调查单位或填报单位回答的措辞语句,应该让其表达自己的意思,避免诱导回答的现象发生。另外,否定式提问,从某种程度上也存在诱导和干扰调查单位或填报单位的回答之嫌,提问时也避免否定形式和双重否定形式提问。

例如:您认为我市职工的平均工资水平是否应该提高?又如:您认为国家应不应该尽快制定并实施保健品行业标准?

这两个题中的"是否应该提高"和"应不应该尽快"都有诱导或干扰的影响,因此尽量避免这样的提问,应修改为"您认为我市职工的平均工资水平如何""您对国家制定和实施保健品行业标准的看法如何"。

2.4.1.5 应尽量避免提敏感性问题,无法避免时需转换或降低敏感程度

敏感性问题指调查的问题涉及调查单位或填报单位的隐私或不愿意公开回答的问题,比如收入、年龄、信仰、诚信等涉及个人利害关系或忌讳的问题。这些问题一般在自填式问卷中会降低敏感度,但数据质量无法核实。因此,在很多访问式问卷中,会通过一些措施和方法降低敏感度。具体包括释疑法、假定法、转移法、模糊法等。

1. 释疑法指在问题提问前面,添加一些消除顾虑的功能性文字,或者在问卷开头部分的说明词中进行保密承诺。

2. 假定法指用一个假定的条件句作为提问的前提,然后再问调查单位或填报单位的看法。如有的人不愿意暴露自己调动工作的想法,可以这样设计"假如允许各类人员自由调动工作的话,您会调动工作吗?"

3. 转移法指把本应由调查单位或填报单位根据自己实际回答的问题,转移到由其根据他人情况来阐述自己的看法。

例如:您觉得对于大多数工人来说,劳动定额制定的合理吗?又如:您周围的朋友对分期购买汽车怎么看?

4. 模糊法指将具体的问题和答案模糊化设置。如人的年龄、收入等敏感性数据,如果设置成填空式题型,敏感度非常高,但是如果设置成组距形式的选择题,敏感度会大大降低。

例如:国有企业反腐倡廉民意调查问卷中,基本情况部分的年龄和工龄都采用了该方法。

| | | |
|---|---|---|
| 《中华人民共和国统计法》第一章第九条规定:统计机构和统计人员对在统计工作中熟悉的国家秘密、商业秘密和个人信息,应当予以保密。 | **国有企业反腐倡廉民意调查问卷** | 表　　号:X　501 表<br>制表机关:国家统计局<br>文　　号:国统字〔2015〕91 号<br>有效期至:2016　年 1 月 |
| 00_1 问卷编码:□□□□<br>00_2 企业类别:□①央企母公司②央企子公司及其下属公司③地方国企 | | |
| **一、基本情况** | | |
| 01 填表人基本情况:<br>(1)性别:□①男②女<br>(2)年龄:□①30 岁及以下②30-40 岁③40-50 岁④ 50 岁以上<br>(3)工龄:□①5 年及以下②5-10 年③10 年以上<br>(4)政治面貌:□①中共党员②共青团员③民主党派④群众<br>(5)职务级别:□①领导班子成员②部门经理③一般员工 | | |

### 2.4.2　答案的设计技巧

开放型问题只提问不提供备选答案,可以不考虑设计答案,只有封闭型问题,需要特别注意备选答案的设计。经过大量实践证明,在前人研究的基础上提出设计备选答案时必须遵守穷尽原则、互斥原则、适当原则。

#### 2.4.2.1　穷尽原则

穷尽原则指问题中提供的备选答案应包括所有可能的答案。对于定类和定序这两类尺度度量的定性数据,大多时候会在备选答案中设计“其他(请注明)”选项,以保证穷尽原则;对于数值型数据的分组数据,会把初始组和最终组设计为形如“××以下”和“××以上”的开口组,且连续型变量会设计为重组限形式,同时保证“下限组原则”进行记录整理等,极个别时候也会采用“上限组原则”。

例如:国有企业反腐倡廉民意调查问卷中,填表人基本情况中的第 2 题:

(2)年龄:□①30 岁及以下②30～40 岁③40～50 岁④50 岁以上

其中,30 岁及以下和 50 岁以上即为开口组,30、40、50 等数据称为组限,为前一组的上限，同时为本组的下限，具体归为其作为上限的那组。但如果不特别表明“30 岁及以下”，只用“30 岁以下”“50 岁以上”表示时，如果某人年龄 40 岁，则其应该选择“③40～50 岁”这一组，而不是“②30～40 岁”这组，这就是“下限组原则”的含义。

2.4.2.2 互斥原则

互斥原则指问题的备选答案中，任何两者必须互不相容、互不重叠。对于定类和定序这两类尺度度量的定性数据，设计答案时保证在一个标准下分类设计，否则容易使答案不互斥；对于数值型数据的分组数据一般不会违反，其中“下限组原则”的规定就是为了保证互斥原则。

例如：您平均每月支出中，花费最多的是哪项？

①食品②服装③书籍④报刊⑤日用品

⑥娱乐⑦交际⑧饮料⑨其他(请注明)

备选答案中的食品包含饮料，书籍和报刊等都不互斥。

问卷调查表中答案设计要求所有答案既穷尽又互斥，否则，会给调查单位或填报单位带来回答上的困难，或者会获取口径不统一的不准确数据。

2.4.2.3 适当原则

适当原则指问题备选答案的数量设计不能太多，要适当，尤其是数值型数据进行分组的时候，组数不能太多。组数多组距小能提高数据的准确性，但会增大问卷篇幅，且有很多组可能极少有调查单位或填报单位选择。当然，当对调查对象缺乏认识的情况时，分组可以采取“先多细后合”的方式设计备选答案，以防止分组“先少宽后无法拆分”的情况发生，或者直接设计成填空式的开放型问题，以保证信息量更充足和更准确。同时，注意开口组设计和连续变量重组限的设计。

### 2.4.3 问卷的编排技术

2.4.3.1 编排顺序技巧

问题编排的先后顺序会影响到调查单位或填报单位对问卷的兴趣及答案的选择质量，问题不能随意排列，要符合人们对事物认识的一般规律和接受度。一般考虑到人们的思维习惯，将逻辑关系密切的问题按顺序尽量排列在一起，便于调查单位或填报单位回答，使问卷以多部分多模块化的形式呈现；人们普遍接受由易到难,故问卷设计也应该将调查单位或填报单位熟悉、容易回答的问题放在前面,生疏、较难回答的问题放在后面;将调查单位或填报单位感兴趣的一般事实性问题放在前面,反映观念、情感、态度等方面需要稍微思考的态度性问题放在中间,探究原因等较难回答的因果性问题及敏感性的问题放在后面。

2.4.3.2　编排形式技巧

1. 问卷的布局美观专业

问卷总体布局要合理、统一、美观、专业。问卷排列不能过于拥挤,行列排列要适当,注意排版和印刷的质量,问卷格式要美观专业。如果问卷比较简短,可以考虑用卡片式;过长(超过 4 个 A4 页,折合为一个 A3 的反正面)则考虑用簿记式问卷,装订成册,便于保管和使用。

2. 问卷的长度与调查方法相适应

问卷的长度要适中,最好通过模拟调查的方式确定回答问卷的大概时间,选用适当的调查方法。一般电话调查和邮寄调查问卷需要控制在 10 分钟以内;入户面访调查的问卷则可以长一些,一般控制在 20～30 分钟;街道拦访的问卷则介于电话调查和入户面访之间;留置调查的问卷一般可以在 30 分钟以上。

3. 开放型问题留空充足

开放型问题需要根据问题的性质和需要回答的深度,确定预留记录答案的空间,不能预留过少,以免影响答案的记录和问卷的美观性。

4. 问卷中不同的内容的字体格式要有所差异等

问题和答案的字体格式要统一,提示或注释的字体格式要统一,不同部分的总标题要加粗大一号,不同部分的问题题号通常用不同的英文字母加以区分,同一问题的提问和答案保证在同一页内等。

## § 2.5　问卷评估

问卷设计完成后被用于正式调查实施阶段之前,研究者通常会想该问卷是否能够准确无误地反映调查目的,调查实施时间、地点等情况发生变化时,同一个调查单位回答的答案是否会有所不同,问卷在实施时会不会没有差异度等等，这时往往需要进行必要的评估，通过模拟调查和问卷测试评估系统等方法，来排除这些疑问，检查调查问卷是否满足设计原则。问卷评估主要从问卷的信度和效度两个方面进行。

### 2.5.1 问卷的效度(validity)评估

问卷的效度评估，即有效性评估，指问卷中问题正确测量调查目的的程度，在社会经济调查中，对作为测量工具的问卷或量表的效度要求很高。高效度是科学的测量工具所必须具备的最重要条件。效度一般分为表面效度(external validity)和内在效度(internal validity)。表面效度指问卷应达到的卷面标准，即一套问卷题目从表面看来是否是合适的，比如问卷中题目要通俗易懂，不使用专业术语、方言等，使问卷能够测量出被访者正常水平。但是，对内在效度评估十分复杂和困难，目前比较成熟的评估角度包括内容效度评估、准则关联效度评估、结构效度评估。

1. 内容效度(content validity)评估

内容效度指问卷中量表内容或调查题目对有关内容或行为的适用性与代表性，即量表内容或调查题目能否准确反映所要测量的特征，能够达到调查的目的。该效度一般通过双向细目表进行评估，效度的高低以题目的分布是否合理来判断，符合逻辑则效度高，因此，该评估又称逻辑效度(logical validity)评估。

2. 准则关联效度(criterion-related validity)评估

准则关联效度，又称效标效度或预测效度，是指根据问卷中量表内容或调查题目所得到的数据和标准化的变量数据对比，如果显著相关且相关程度越高，说明问卷的效度越高。根据时间跨度的不同，准则关联效度可分为同时效度和预测效度。该效度的评估一般采用差异显著性检验或相关分析法进行评估。但该评估的关键在于合适的标准化变量数据很难找到，使这种方法的应用受到一定限制。

3. 结构效度(construct validity)评估

结构效度是指测验或量表能测量到理论上构念或特质的程度(Anastiasi，1988)。一般是在文献调查和专家经验的基础上构建一个变量体系，选取适当单位调查，运用必要的统计方法进行评估，确定构建变量的效度。该效度的评估一般采用主成分或因子分析法进行评估，主要是从全部变量(题目)中提取一些公因子,各公因子分别与某一群特定变量高度关联,这些公因子即代表了问卷的基本结构,这样就能够考察问卷是否能够测量出研究者设计问卷时假设的某种结构。

### 2.5.2 问卷的信度(reliability)评估

问卷的信度评估,即可信度评估,指测量问卷中问题的可靠性、一致性和稳定性,检验结果是否能够反映被测者的稳定的、一贯性的真实特征。信度的评估方法主要包括 α 系数法信度评估法、折半信度评估法和重测信度评估法等。

1. α 系数信度评估法

一般而言,两次测验结果越是一致,误差越小,说明问卷的信度越高。常采用 L. J. Cronbach 所提出的信度系数——α 系数进行判断,不同学者的判断标准不一,这里介绍一下 DeVellis(1991)的观点:α 系数如果在 0.65 以下,问卷信度很低,最好不要接受;α 系数在 0.65 至 0.7 间,是问卷信度最低的接受范围;α 系数在 0.7 至 0.8 间,问卷信度比较好,α 系数在 0.8 以上,问卷信度非常好。

2. 折半信度评估法

折半信度指将调查变量平均分成两半,计算这两部分数据之间的相关性,得到两部分的相关统计量数据,通过 Spearman-Brown 系数和 Guttman Split-Half 系数进行评估,二者的值越高,说明信度越高。

3. 重测信度评估法

重测信度评估法指在不同时间采用同一问卷对同一对象实施两次调查,这两次调查的数据如果无显著差异或者相关系数的绝对值越接近 1,说明问卷的一致性程度越高。两次调查的间隔时间可以借鉴人格测验重测间隔,一般控制在两周到 6 个月之间比较合适。在评估重测信度时,必须注意重测间隔的时间,两次调查的时间间隔越短,被访者较容易回忆出测试的题目;相反时间间隔越长,则被访者较容易受外部影响而变化。

# 第三章　调查数据处理

调查收集到的数据资料通常是个体的零散数据，可能存在虚假、缺失等问题，不能系统准确地反映客观事物的数量特征和数量规律，因此需要在数据资料收集之后，对其进行必要的加工处理，为后期的数据分析提供数据支撑。本章主要内容包括调查数据的审核、编码、录入、插补、计算等处理技术，通过本章学习，了解调查数据处理的意义，掌握数据处理的方法，熟悉各种数据处理的操作过程，运用社会科学统计程序 Spss(statistical program for social sciences)及 Excel 软件进行数据处理。

## § 3.1　调查数据处理概述

### 3.1.1　调查数据处理的涵义

在调查的实施过程中，由于各种因素可能会导致数据不完整、不准确和不及时，在数据收集工作结束后，就必须要对这些原始的数据进行加工处理，以保证数据的质量。

调查数据处理就是根据调查的研究目的和任务，运用科学的方法，对收集到的原始数据进行审核、编码、录入、插补、分组和汇总显示的过程。从调查的过程来看，数据处理处于调查实施之后、数据分析之前，是统计调查的延续，是统计分析的前提和基础。从实际操作的角度来看,数据处理是将调查得到的原始资料转化为计算机软件可以识别的数据资料的过程。

### 3.1.2 调查数据处理的意义

在调查过程之后,最重要的步骤就是数据处理,与数据分析相比,在数据处理上花费的时间要多得多。通常,数据并不像大多数书中的数据干脆利落地展现给大家。相反,数据可能存在于多个有待合并的文件中,或者也可能存在于多份纸制材料中,这些数据中一些可能是不需要或不理解的,也可能存在一些错误或者缺失信息。因此数据处理就显得特别有意义。

1. 数据处理是对调查资料的全面检查,是查缺补漏、去伪存真和去粗取精的过程,可以保证数据的一致性、客观性和有效性。尤其是在大型调查项目中,调查变量多,数据多,信息量大,为了保证信息前后一致,不出现逻辑的、登记的、计算的错误,十分有必要进行数据处理。

2. 数据处理是进行数据分析研究的基础。数据分析必须借助完备的系统的数据资料,因此,数据处理是研究阶段的第一步,通过数据处理可以提高工作效率,避免重复劳动。如果数据不经过处理就直接进行分析,一旦发现有误信息,所有工作将前功尽弃,既费时费力又增加成本。

3. 数据处理有利于保证数据的质量,提高数据的长期保存价值。在数据分析之前进行了数据处理,则可以保证数据分析结果的有效性。

### 3.1.3 调查数据处理技术

调查数据处理技术指在调查数据处理的过程中运用到的技术。以纸张式问卷为例,涉及的数据处理技术主要包括数据的审核、编码、录入、插补、分组、显示等技术。各种技术在数据处理过程中的先后顺序取决于具体的调查以及数据处理步骤是否自动化。比如,数据的编码既可以在数据录入之前进行,也可以在数据录入之后进行,数据审核可以在数据编码之前进行,也可以在数据录入之后,还可以在分组之后进行,甚至要贯穿于调查的整个过程。

## §3.2 数据审核

### 3.2.1 数据审核的涵义与规则

数据审核是调查数据处理的第一个过程，它指研究者对已收集到的原始资料，应用一定的检查规则，来辨别缺失、无效或不一致等造成数据存在问题的工作。根据具体实践得出一般常见的审核规则包括以下四方面。

第一，单项选择问题中，答案唯一，即有且只有一个回答。如果有两个或两个以上的回答，就说明存在潜在的错误；如果没有答案（跳问问题除外），则属于数据的缺失。

第二，一个二项的单项选择，答案只能非此即彼。

第三，排序问题中，应该要有顺序。

第四，问题间要符合逻辑关系、结构关系等。

### 3.2.2 数据审核种类与方法

根据审核规则，一般将审核分为准确性审核、完整性审核、一致性审核和分布审核四种。其中前三者主要是针对单张问卷进行的审核，一般通过人工来实现；分布审核是针对全部问卷录入后的数据进行审核，一般通过计算机操作来实现。

1. 准确性审核，也称有效性审核，主要检查数据是否真实可靠，是否存在差错，是审核的关键，检查的方法主要有逻辑检查和计算检查。逻辑检查指从理论或常识上，检查数据是否有悖常理、不切实际或相互矛盾之处。例如：工作年限和年龄状况，对于年龄是 20 岁的调查单位，通常工作年限最多不应超过 4 年，如果工作年限出现超过 4 年，则两个调查变量数据不符合逻辑，其中必定有一个是错误的。又如，调查单位是某劳动密集型企业，规模是大型，职工人数是 50 人，大型的劳动密集型企业仅有职工 50 人值得怀疑。计算检查指检查数据的计算口径、计量单位是否符合规定，通过计算方法检查各数据是否衔接。例如：在调查居民消费水平及消费结构时，月总消费额为 1000 元，如果各种消费项目的月消费支出之和为 1500 元，则两项数据存在明显差异，其中一项必定有误。

2. 完整性审核,是检查应该调查的调查单位是否遗漏、所有的调查的问题有无缺失等。例如,在涉及有跳问的问卷中,如果某问题不应该跳问,但实际调查误认为应该跳问,就会造成该数据的缺失,使得这个调查单位的数据不完整。又如,调查居民消费水平及消费结构时,月总消费额为1000元,其中某项消费没有填写,那么该数据应该为0,还是表示拒绝回答则不得而知。

3. 一致性审核,就是基于不同问题间的结构关系、逻辑关系和合法性来进行的判断,要检查调查的各种数据之间,是否连贯、是否一致、是否对立,是否有明显的不合理。比如在准确性审核中列举的工作年限和年龄状况例子,如果出现不连贯、不一致,或者是对立或有明显的不合理,则要弄清楚是实际情况还是什么原因引起的,以保证数据的质量。

4. 分布审核,主要是在数据分析阶段运用,通过数据的分布,来辨识是否有超出正常范围的离群值。比如在性别分布中,1代表男性,2代表女性,结果在分布结果中出现了非"男性"、非"女性"也非缺失值的其他数字,这时则可以判断可能是数据录入的过程中发生了错误,然后再通过问卷编号找到问卷具体核实修改。在EpiData数据录入软件通过设置数据录入质控和Excel软件中通过设置数据有效性来实现数据录入的有效控制,超出一定范围的值,录入数据时会发出警报提示,从而减少分布审核错误出现。

**数据缺失,违反完整性例子**

**表 3-2-1 《中国公众统计素养》课题调查问卷节选**

| 序号 | 基本术语 | 非常熟悉 | 基本了解 | 听说过,但不了解 | 没有听说过 |
|---|---|---|---|---|---|
| 1 | 全面调查 | 1 | 2 | 3 | 4 |
| 2 | 普　查 | 1 | 2 | 3 | 4 |
| 3 | 抽样调查 | 1 | 2 | 3 | 4 |
| 4 | 市场调查 | 1 | 2 | 3 | 4 |
| 5 | 国家统计 | 1 | 2 | 3 | 4 |
| 6 | 地方统计 | 1 | 2 | 3 | 4 |
| 7 | 企业统计 | 1 | 2 | 3 | 4 |
| | …… | | | | |

在表3-2-1中,第3和5项没有选择,这种情况就属于数据的缺失。缺失数据的产生的原因多种多样,可能由于数据存储失败、机械故障未记录等机械原

因,也可能是由于人的主观疏忽、被访人拒绝回答等人为原因。在派员调查中是可以控制的,一般不会出现这种情况,但是在非派员调查中则常出现数据缺失。

**数据无效,违反一致性的例子**

1.1 性别:1. 男 2. 女

1.2 民族:1. 汉 2. 少数民族

1.3 户籍:1. 农村 2. 城镇

1.4 年龄:

1. 17 岁及以下 2. 18～40 岁

3. 41～60 岁 4. 61 岁及以上

1.5 学历:(选择 1、2、3 者,直接回答 1.7 题,选择 4、5、6 者则继续回答)

1. 小学及以下 2. 初中 3. 高中或中专 4. 大专

5. 本科 6. 研究生及以上

1.6 您选择的学习专业:

1. 文科 2. 理工科

…………

1.12 你的工作年限:

1. 5 年以下 2. 5～10 年 3. 10～20 年 4. 20～30 年

5. 30 年以上

1.13 请问你的专业技术职称是:1. 初级 2. 中级 3. 高级

1.14 请问你的职务是:1. 科级及以下 2. 正(副)处级 3. 副厅级及以上

图 3-2-1 《中国公众统计素养》课题调查问卷节选

在图 3-2-1 中,根据第 1.4 和 1.5 的选项,此人是不需要回答 1.6 题,但此人回答了。这种情况就属于数据的无效。这种情况多出现于自填式问卷中。不会影响到其他数据的质量,具体审核数据以及录入数据时需要及时纠正。

**数据不一致,违反准确性的例子**

表 3-2-2 《粮食损失调查》课题调查问卷节选

| 粮食种类 | 播种面积(亩) | 平均亩产(公斤/亩) | 收粮总数(公斤) | …… |
|---|---|---|---|---|
| 玉米 | 5 | 500 | 3000 | …… |
| | | | | |
| | | | | |

表 3-2-2 中,可以看出平均亩产是一个核实性问题,根据逻辑关系,收粮总数=播种面积 * 平均亩产,但该问卷中的收粮总数与符合逻辑关系的数目相差太大(3000 公斤远远大于 2500 公斤)。这种情况则属于数据不一致,造成了某些数据不准确。因此,在派员调查时,访问员要特别注意,及时纠正。

### 3.2.3 离群值的检查与处理

离群值,也称奇异值,是指一个观察值数列中,与数据集中的其他观察值不一致的数值,或者说是在一定置信水平下,超过了置信区间的数值都称为离群值。离群值产生的原因很多,可能是数据中有错误或不一致,比如在数据记录或者数据录入时发生了错误;可能是数据固有的变异性造成的,看起来值得怀疑,比如数据在呈现偏态分布时,就很有可能出现离群值。

最常见的离群值检测方法是单变量检测,一般可以通过散点图来直观地观测离群值,另外就是利用置信区间的方式来判断,对于超过置信区间之外的数值,就判断为离群值。

对于离群值的处理,一般可以利用稳健的估计改变数值,具体改变数值的估计方法可以参照本章数据插补中处理缺失值的方法。此外也可以采用调整离群值的权数,降低它们的影响。

### 3.2.4 数据审核的阶段

多数人普遍认为数据审核工作是在调查收集资料结束后进行的,但为防止调查资料结束后才开始审核而造成发现问题返工的局面,应将数据审核工作贯穿整个调查过程,做到边调查边审核。因此,数据审核应从调查开始就进行,大体上可以分为数据收集时进行的审核和数据收集后进行的审核。

1. 数据收集时进行的审核

数据收集时进行的审核，也称现场审核，一般是由调查人员和督导人员在调查过程中和数据录入前进行的审核，主要进行准确性审核、完整性审核和一致性审核。审核的主要目的是校正调查时被调查者和调查人员造成的错误，并确定是否有缺失信息，以便及时发现问题当场纠正。同时，督导检查调查人员的工作，如果发现错误，可以总结问题，及时将意见反馈给所有的调查人员注意。另外，一般数据质量控制部门也会按照一定的比例抽取问卷，进行实地回访调查或电话回访，来整体审核数据的准确性。多管齐下提高调查效率和数据质量。

2. 数据收集后进行的审核

最全面、最复杂的审核一般是在数据收集完成后进行的，或是在数据录入过程，或是在数据录入结束后，作为再审核和插补环节进行。数据录入过程中，审核工作可以由录入员进行，也可以由计算机程序进行，但录入的同时审核会大大降低录入速度，所以一般复杂的再审核是放在数据录入以后进行的。数据收集后一般进行准确性审核、一致性审核和分布审核。

随着计算机网络的发展，目前很多调查已经实施无纸化，所以很多审核工作是通过计算机的设置来进行的，只有一些计算机无法判断的经验审核需要由人员来把控。

## § 3.3　数据编码

### 3.3.1　数据编码的涵义与种类

数据编码主要适用于品质变量，指给品质变量的每种数据赋予一个数字代码（也可以是符号或字母，考虑到数据的数量性，建议使用数字），把文字信息转化为数字形式，以便数据录入和进一步处理的过程。通过编码将调查数据录入计算机，使数据简单、有效。同时，数据编码是进行统计分析的基础。原始数据一般可分为两类，即数字形式的数据和文字形式的数据。数字形式的数据不需要编码可以直接录入计算机，文字信息则需要根据实际情况进行编码，将文字信息转化成数字信息。例如第一章提到的品质变量，性别、受教育程度等，用 1

表示男,0 表示女;用 1、2、3、4、5、6 来依次表示小学及以下、初中、高中及中专、大学专科、大学本科、研究生;而用多少分来度量的学习成绩就是一个数量变量,数据是用数字组合来描述的,因此根本无须进行编码。

数据编码工作通常可以在设计问卷时同步进行,也可以在调查完成或者审核之后进行。可以是手工进行也可以是自动化进行,具体的方法很多,主要包括三种:其一,问卷中的预先编码,指在设计问卷时就给予每一个问题的备选答案一个符号或数字代码。主要适用于封闭型问题,对于开放型问题,由于事先不知道有多少可能的答案,故不适用预先编码。实际工作中,大多数问卷的大多数问题都是封闭型问题,实施调查之前最好进行预先编码,这样可以提高调查效率。其二,事后编码,即在数据收集完毕之后,或进行审核后进行手工编码。其三,通过文本识别软件进行自动编码。

### 3.3.2 数据编码的原则与注意事项

数据编码应坚持的原则主要有:能用整数,尽量不用小数;能用正数尽量不用负数;能用绝对值大的数尽量不用绝对值小的数;可用一位代码表示清楚的绝不用两位;不同代码不能表示相同内容;编码要充分反映数据内在逻辑联系。例如,需要分析不同调查地区的差别。在编码时,要将不同地区用不同的变量值定义。地区的变量名称可以用“Q1”表示,地区的变量值用数字 1,2,3,…表示。在编码时尽量地使用地理位置接近的地区的码值接近。例如,东北三省的码值应该接近,以反映三省地理位置接近这一事实;同时考虑到经济性,很多调查变量可借用现成编码,如在全国性调查中,行政区划码、长途电话区码等可借用,以节省精力与时间。

### 3.3.3 编码的 Spss 实现

#### 3.3.3.1 问题转换为变量的实现技术

数据编码工作一般是在 Spss 界面的变量视图(variable view)中进行的,需要定义的内容如下。

1. 变量名称(name)

一份调查问卷通常包含若干问题(或称为变量),为了统计处理方便,在数据输入计算机之前,必须先给每一个问题或变量规定一个变量名称。要求表述要简洁，以便于后期的程序设计。如果不定义则出现的是 V(variable)，在定义变量名称时，可以直接用中文，也可以用英文单词、英文的第一个字母或前几个字母来命名，如性别用“性别”或“sex”，年龄用“年龄”或“age”，文化程度用“文化程度”或“edu"等来定义。同时还要考虑所用统计软件的一些规定。

采用 Spss 软件定义的有效变量名，有以下规则：变量名可以为英文字母也可以为中文汉字；每一个变量名必须是唯一的，不允许重复；变量名若为英文，必须以字母开头，后面其他字符可以是任何字母、数字或符号，且英文字母不区分大小写，NAME、Name 和 name 是一样的，都表示姓名；下划线和点不能为变量名的最后一个字符；不能使用 ALL NE BY OR GT AND NOT WITH 等 13 个保留关键字作为变量名。

2. 变量类型(type)

变量类型指每个变量取值的类型，Spss 的变量类型窗口中提供了数值型、字符型(string)和时间/日期(data)型三大类变量类型，一般系统默认为数值型。在没有特别要求的情况下大多数的数据，通常采用数值型变量定义。主要是字符型和时间型变量可以进行的分析很有限，而且数值型变量不仅可以表示定量数据，也可以表示定性(定量化)数据。数值型变量由于表示方式的不同，又可以包括标准数值型(mumeric)、逗号数值型(comma)、圆点数值型(dot)、科学计数法的数值型(scientific notation)、美元符号的数值型(dollar)、自定义货币的数值型(custom currency)六种。其中，最常用的是数值型中标准数值型和字符型，标准数值型通常由阿拉伯数字(0～9)或其组合表示，例如工资、年龄等数量变量都定义为标准数值型，而字符型一般也是由阿拉伯数字(0～9)作为代码，代表具体的字符串，通常定性数据转化为定量数据多采用此方式，例如性别、生源地、职业等品质变量的数据编码。对于价值量的定量变量，也会采用逗号、圆点和自定义货币等形式的数值型，不同国家不同需求选择则各异。

3. 变量标签(label)

标签实际上是变量名称的详细化，具体反映变量的内容含义，可以弥补变量名称简洁缺陷，在设计上仍然需要简洁明了，因为各种分析结果中将作为总标题显现。

4. 变量值(values)

变量值通常都是用阿拉伯数字(0～9)或其组合表示，即调查问题备选答案的数字化，用数字表示问题的各种答案，变量值标签是对变量值的进一步说明和注释。如果是数量变量，且问卷中问题属于开放型，由于变量取值无限，则不必定义值及标签，可以省略编码工作，实际调查数据是什么就录入什么；如果是连续型数量变量，且问卷中问题属于封闭型，这时数量变量转化为了品质变量，则需要根据具体分组情况定义变量值及标签，进行编码工作；同样如果是品质变量，仍然需要根据具体的分类定义变量值及标签，进行编码工作。

5. 度量类型（measure）

定类数据和定序数据与（名义）定类（norminal）尺度和定序（ordinal）尺度对应，而定距和定比尺度合并为一类与测量（scale）对应。

6. 变量宽度（width）

变量宽度是变量值的最大字符数，一般默认为8，最大宽度40个字符，可以根据需要定义其宽度。

7. 小数位数（decimals）

小数位数是指变量值可以显示的最大小数部分，一般默认为2，最大宽度16个字符，可以根据需要定义其小数。

8. 缺失数据（missing）

缺失数据表示存在明显错误、不合理数据或者漏填数据，包括无缺失值、离散缺失值和区间缺失值，一般系统默认为无缺失数据。

9. 变量显示宽度（columns）

变量显示宽度是数据视图中每列显示的最大字符数，默认为8。一般至少等于变量宽度（width），当设定的列宽度小于变量宽度时，列中的数据将显示不全，此时及时调整列宽度就可显示全部的信息。

10. 排列格式（align）

排列格式指变量值在数据视图中每列所显示的位置，包括居中、靠左和靠右三种排列方式可以选择。

#### 3.3.3.2 不同类型问题变量的设置与编码设计

1. 单项选择问题的编码（分为两个选项和多个选项时的单选介绍）

单项选择问题的编码，比较简单，即将所有的答案选项分别定义一个变量值及标签，可以直接采用问卷中的编码。下面结合案例分别介绍一下两个选项和多个选项时单项选择问题如何编码。

如图 3-2-1 中 1.1 问题的的编码为:定义变量名为 q1.1,定义变量类型为字符型,定义宽度为 4,小数为零,定义标签为性别,列宽度定义为 4,缺失值定义为无,排列为居中,度量尺度为定类尺度,变量值标签 1 代表男性,0 代表女性,或 2 代表女性,一般建议将另一类定义为 0。

又如 1.4 的编码为:定义变量名为 q1.4,定义变量类型为字符型变量,定义宽度为 10,小数为零,定义标签为年龄,列宽度定义为 10,缺失值定义为无,排列为居中,度量尺度为序尺度,变量取值与对应的编码如表 3-3-1 所示。

**表 3-3-1　年龄编码表**

| 年龄 | 17 岁及以下 | 18～40 岁 | 41～60 岁 | 61 岁及以上 |
|---|---|---|---|---|
| 编码 | 1 | 2 | 3 | 4 |

编码的过程尤其注意变量值的定义。在变量编辑窗口中,左键单击值(Value)列下的无(None),出现图 3-3-1 界面,在值(Value)后面输入变量值的代码,在标签(Label)后面输入相应的具体变量值,单击按钮添加(Add)即可将变量值及代码确认。此窗口中,添加(Add)按钮的功能就在于确定变量值及其代码,并将其加入到窗口右下方的文本框中;更改(Change)按钮的功能在于修改已有的变量值及其代码;删除(Remove)按钮的功能在于删除已有的变量值及其代码。

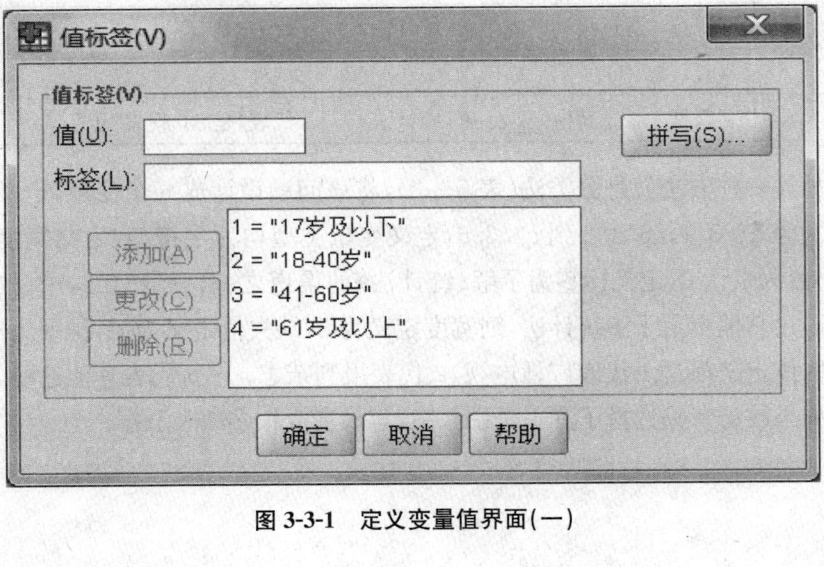


图 3-3-1　定义变量值界面(一)

2. 多项选择问题的编码

多项选择问题的编码，相对单项选择问题的编码复杂一些，即首先要将所有的答案选项依次转化为单项选择问题，然后再设计编码，即将答案选项依次设计为两项选择的单项选择问题。如：

6.3　请问你是从下列哪些渠道了解《统计法》的？可多选，并按多少顺序排序填入题后括号中（　　　　）

1. 广播电视　2. 报刊杂志　3. 专业会议　4. 继续教育

5. 专业书籍　6. 其他注明

该题的编码为表3-3-2：选项设计成6个变量，即定义变量名依次为q6.3.1，q6.3.2到q6.3.6，定义变量类型均为字符型，定义宽度为2，小数为零，定义标签为通过广播电视了解统计法，通过报刊杂志了解统计法等等，列宽度定义为2，缺失值定义为无，排列为居中，度量尺度为定类尺度，度量尺度为定类尺度，变量取值定义1代表是，0代表否。如果选择了此答案录入1，没有选择此答案就录入0。编码依然像单项选择问题一样。

**表3-3-2　多选题的编码表——两项选择法**

| 变量名称 | 类型 | 变量含义 | 变量值及含义 | …… |
|---|---|---|---|---|
| q6.3.1 | 字符型 | 通过广播电视了解《统计法》 | 1代表“是”，0代表“否” | …… |
| q6.3.2 | 字符型 | 通过报刊杂志了解《统计法》 | 1代表“是”，0代表“否” | …… |
| …… | | | | |
| q6.3.6 | 字符型 | 通过其他____了解《统计法》 | 1代表“是”，0代表“否” | …… |

另外一种方法就是分类法（表3-3-3），将该问题设计成6个变量，定义变量名依次为q6.3.1，q6.3.2到q6.3.6，定义变量类型均为字符型，定义宽度为默认，小数为默认0，定义标签为了解《统计法》的渠道之一，渠道之二，…，渠道之五及通过其他渠道了解统计法，列宽度定义为8，缺失值定义为无，排列为居中，变量取值定义都是1代表广播电视，2代表报刊杂志，…，6代表其他途径，这种方法如果被访者只选择了其中个别答案，容易造成很多缺失数据。

表 3-3-3 多选题的编码表——分类法

| 变量名称 | 类型 | 变量含义 | 变量值及含义 | …… |
|---|---|---|---|---|
| q6.3.1 | 字符型 | 了解《统计法》的渠道之一 | 1代表“广播电视”,2代表“报刊杂志”,3代表“专业会议”,…,6代表“其他” | …… |
| q6.3.2 | 字符型 | 了解《统计法》的渠道之二 | 1代表“广播电视”,2代表“报刊杂志”,3代表“专业会议”,…,6代表“其他” | …… |
| …… | | | | |
| q6.3.6 | 字符型 | 了解《统计法》的渠道之六 | 1代表“广播电视”,2代表“报刊杂志”,3代表“专业会议”,…,6代表“其他” | …… |

3. 排序问题的编码

排序问题的编码,与多项选择问题的编码基本一致,仍然是将需要排序的项目分别设计成单项选择问题,然后再编码。由于排序问题一般属于采用定序尺度测量,理论上应该是字符型数据,代表测定的等级和程度,但如果有很多等级或程度时(一般大于等于5),常定义为数值型变量。在数据录入时录入各项的顺序排名即可。

如案例中6.3也可设计成排序问题,从而反映哪种渠道是公众了解统计法的最主要渠道。即:

下面列举了一些人们了解《统计法》的渠道。请您就利用它们了解统计法的程度进行一个排序,在您认为最主要的渠道右边的括号内标“1”,其次的渠道右边括号内标“2”,依次类推。

广播电视(　　) 报刊杂志(　　) 专业会议(　　)

继续教育(　　) 专业书籍(　　) 其他途径请注明__________(　)

则编码为:将6个答案选项设计成6个变量,即定义变量名依次为q6.3.1,q6.3.2到q6.3.6,定义变量类型均为数值型,定义宽度为2,小数为零,定义标签为通过广播电视了解统计法的程度,通过报刊杂志了解统计法的程度等等,列宽度定义为2,缺失值定义为无,排列为居中,度量尺度为定序尺度,变量取值无需定义,直接输入排名即可。

表 3-3-4　排序题的编码表

| 变量名称 | 类型 | 变量含义 | 变量值及含义 | …… |
|---|---|---|---|---|
| q6.3.1 | 数值型 | 通过广播电视了解《统计法》的程度 | 无 | |
| q6.3.2 | 数值型 | 通过报刊杂志了解《统计法》的程度 | 无 | …… |
| | | …… | | |
| q6.3.6 | 无数值型 | 通过其他____了解《统计法》的程度 | 无 | …… |

4. 表格式(矩阵)式问题的编码

表格式(矩阵)式问题一般是将几个单项选择排列在一张表上，所以其编码与单项选择问题的一样，比较简单。比如下题：

五、请问你对下面统计方法的了解程度：

| 序号 | 统计方法 | 非常熟悉 | 基本了解 | 听说过，但不了解 | 没有听说过 |
|---|---|---|---|---|---|
| 1 | 搜集数据的方法 | 1 | 2 | 3 | 4 |
| 2 | 整理数据的方法 | 1 | 2 | 3 | 4 |
| 3 | 分析数据的方法 | 1 | 2 | 3 | 4 |

其编码表如表 3-3-5 所示。

表 3-3-5　对统计方法的了解程度的编码表

| 变量序号 | 相应问卷题号 | 变量名称 | 变量类型 | 变量含义 | 变量值及编码 |
|---|---|---|---|---|---|
| 1 | q5 | q5.1 | 字符型 | 对搜集数据方法的了解程度 | 1 非常熟悉<br>2 基本了解<br>3 听说过，但不了解<br>4 没有听说过 |
| 2 | q5 | q5.2 | 字符型 | 对整理数据方法的了解程度 | 1 非常熟悉<br>2 基本了解<br>3 听说过，但不了解<br>4 没有听说过 |
| 3 | q5 | q5.3 | 字符型 | 对整理数据方法的了解程度 | 1 非常熟悉<br>2 基本了解<br>3 听说过，但不了解<br>4 没有听说过 |

5. 开放型问题的编码

如果是填空式开放型问题，且度量的是数量变量，则只需要定义数值型变量即可，变量值的编码不需要进行设置。但是，对于开放型的定性问题的度量，编码则是比较复杂的一件事情，一般采用手工事后编码。编码员首先要将所有个案的答案进行初步统计，列出所有的可能答案，然后归纳定义这些答案（表现为不同的变量值），再对每一个个案的答案进行分类，最后进行统计分析。

例如，"请问您在今后两年内不想购置燃气式热水器的原因是什么？"有 8 个个案的回答内容如下。

A.它们体积都较大，在我的厨房里无法安装；

B.我可在工作单位洗澡，没有必要买；

C.它们在外观上不太好看；

D.它们的颜色不太好看，并且比较贵；

E.我听说使用它不安全，常常会发生事故；

F.购买后安装和维修都很困难，还是不买算了；

G.国产热水器使用不方便；

H.我对它不太了解。

可以想象，若对 100 个人询问，可能会得到 100 种答案！如果不进行归类处理，那么就不容易进行分析。所以可以将一些意思相近的答案归到某一类中去，从分析不买的主要原因，可将上例的答案分为 5 个类别见表 3-3-6 所示。

**表 3-3-6 开放型问题编码范例**

| 码　别 | 答案类别 | 实际答案 |
|---|---|---|
| 1 | 产品设计上的原因 | |
| 2 | 产品价格上的原因 | |
| 3 | 产品使用上的原因 | |
| 4 | 产品需求上的原因 | |
| 5 | 不知道（无回答） | |

还要注意的是如果样本量很大时，编码可以从全部资料中随机抽取一定比例来确定答案类别。在确定类别时不宜过多。因为答案类别过多会将研究对象在该项目上的本质特征掩盖，并且一些类别上的回答者比率小于 5％对分析

没有太大的意义。

3.3.3.3　编码对照表编制及其功能

当所有变量、变量类型、变量值等都定义清楚之后，编码人员要编写一本编码对照表。因为在调查研究中，通常都有大量变量名称及代码。如果不制作一本手册，则很可能会将它们所代表的含义忘记，工作起来不方便。编写一本编码对照表，用以说明各种符号、数码的意义。即将Spss中的变量视图(Variable View)内容显性化。

编码对照表的主要功能有三个方面：

1. 录入人员可根据编码对照表说明来录入数据；

2. 研究人员或电脑程序员根据编码对照表编拟统计分析程序；

3. 研究者阅读统计分析结果时，不清楚各种代码的意义时，可以从编码簿中查阅。

根据具体使用情况来看，问卷编码对照表一般可参照表3-3-7。可以看出编码对照表一般包括六项内容：变量序号、相应问卷题号、变量名称、变量类型、变量含义(标签)、变量值等。

**表3-3-7　问卷编码对照表**

| 变量序号 | 相应问卷题号 | 变量名称 | 变量类型 | 变量含义 | 变量值及编码 |
|---|---|---|---|---|---|
| 1 | | | | | |
| 2 | | | | | |
| ⋮ | | | | | |

如利用公众统计素养调查问卷前四个问题编制如下表3-3-8所示。

**表3-3-8　公众统计素养调查问卷编码对照表**

| 变量序号 | 相应问卷题号 | 变量名称 | 变量类型 | 变量含义 | 变量值及编码 | |
|---|---|---|---|---|---|---|
| 1 | q1.1 | q1.1 | 字符型 | 性别 | 1　男 | 2　女 |
| 2 | q1.2 | q1.2 | 字符型 | 民族 | 1　汉族 | 2　少数民族 |
| 3 | q1.3 | q1.3 | 字符型 | 户籍 | 1　农村 | 2　城镇 |
| 4 | q1.4 | q1.4 | 数值型 | 年龄 | 1　17岁及以下 | 2　18～40岁 |
| | | | | | 3　41～60岁 | 4　61岁及以上 |
| ⋮ | ⋮ | ⋮ | ⋮ | ⋮ | ⋮ | |

一般好的调查问卷,在设计的时候就会考虑到后面分析时要用到编码,所以设计问卷时编码就已经确定,只有开放型问题没有编码,所以一份好问卷基本上相当于编码对照表的作用。

### 3.3.4 编码的 Excel 实现

Excel 软件中可以在数据文件中,选择一个 sheet 表命名为编码对照表,形式与 Spss 中的大体相同,一般没有指定变量的类型,如表 3-3-9 所示。

表 3-3-9 公众统计素养调查问卷编码对照表

| 相应问卷题号 | 对应的列 | 变量 | 变量值及编码 | | | |
|---|---|---|---|---|---|---|
| q1.1 | A | 性别 | 1 男 | 2 女 | | |
| q1.2 | B | 民族 | 1 汉族 | 2 少数民族 | | |
| q1.3 | C | 户籍 | 1 农村 | 2 城镇 | | |
| q1.4 | D | 年龄 | 1 17 岁及以下 | 2 18～40 岁 | 3 41～60 岁 | 4 61 岁及以上 |
| ⋮ | ⋮ | ⋮ | ⋮ | | | |

## § 3.4 数据录入

数据录入是将编码后的资料输入到计算机,转化为计算机可识别的数据存储起来的过程,以便后续的数据处理和数据分析。采用计算机辅助收集方法时,数据录入伴随数据的收集同时完成,这样可以提高效率,但是需要专门的技术人员进行软件的开发和测试。对于纸张式收集数据的方法,一般数据录入是在数据收集并进行审核之后才进行。其录入方法可以采用填涂要求比较严格的光电扫描录入,也可以采用人工的键盘录入。光电扫描录入虽然可以降低数据录入差错,但要求问卷的填涂比较规范,且需要相应的设备,适用性有限。目前,我国大多数调查的数据都是键盘录入,即由电脑操作员通过计算机终端直接把原始数据按照事先编码录入数据管理软件,形成数据库。Excel 的录入按照编码对照表文件录入即可,下面主要介绍一下 Spss 的数据录入和合并。

### 3.4.1 Spss 的数据录入

在变量及编码录入后,依照相应的编码将问卷资料一份一份地录入到相应的表栏中。一般使问卷的编号与计算机自动生成的序号相同,以便于后期的审核查找。在数据录入时,有时输入的数据跟设定的数据宽度或类型不符合时候,计算机会出现提示符号“ * ”,录入人员就要及时加以核正。

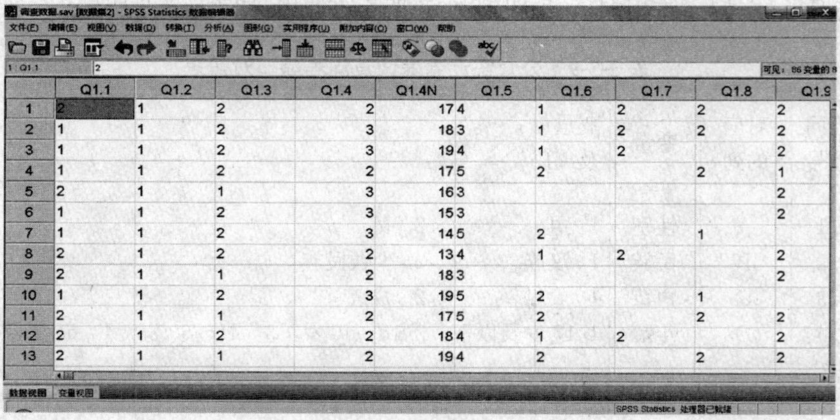


| | Q1.1 | Q1.2 | Q1.3 | Q1.4 | Q1.4N | Q1.5 | Q1.6 | Q1.7 | Q1.8 | Q1.9 |
|---|---|---|---|---|---|---|---|---|---|---|
| 1 | 2 | 1 | 2 | 2 | 17 | 4 | 1 | 2 | 2 | 2 |
| 2 | 1 | 1 | 2 | 3 | 18 | 3 | 1 | 2 | 2 | 2 |
| 3 | 1 | 1 | 2 | 3 | 19 | 4 | 1 | 2 | | 2 |
| 4 | 1 | 1 | 2 | 2 | 17 | 5 | 2 | | 2 | 1 |
| 5 | 2 | 1 | 1 | 3 | 16 | 3 | | | | 2 |
| 6 | 1 | 1 | 2 | 3 | 15 | 3 | | | | 2 |
| 7 | 1 | 1 | 2 | 3 | 14 | 5 | 2 | | 1 | |
| 8 | 2 | 1 | 2 | 2 | 13 | 4 | 1 | 2 | | 2 |
| 9 | 2 | 1 | 1 | 2 | 18 | 3 | | | | 2 |
| 10 | 1 | 1 | 2 | 3 | 19 | 5 | 2 | | 1 | |
| 11 | 2 | 1 | 1 | 2 | 17 | 5 | 2 | | 2 | 2 |
| 12 | 2 | 1 | 2 | 2 | 18 | 4 | 1 | 2 | | 2 |
| 13 | 2 | 1 | 1 | 2 | 19 | 4 | 2 | | 2 | 2 |

**图 3-4-1　数据窗口**

例如:对公众统计素养调查问卷进行编码以后,输入部分数据如图 3-4-1 所示。

### 3.4.2 Spss 的数据合并

数据合并指将分别储存在几个数据库文件中的数据合并成一份完整的数据。一般包括变量(Variable)的合并和个案或记录(Case)的合并两种。

变量(Variable)的合并指将一个数据库中的变量添加到数据库编辑窗口中当前变量的后面,并依据两个数据库文件中的记录进行数据的对接。这种合并方式通常用来解决相同记录的几个变量数据分别存储在不同的数据文件中。比如在某学校的学生管理系统中,某个班级的同学一学期开设了几门必修课程,成绩都是分科目上传到管理系统中,而最终需要这个班级所有同学的成绩,此时就需要进行变量的数据合并。

个案或记录(Case)的合并指将一个数据库中的记录添加到数据库编辑窗

口中当前记录的后面，并依据两个数据库文件中的变量进行数据的对接。这种合并方式通常用来解决相同变量的不同记录数据分别存储在不同的数据文件中。比如在公众统计素养调查问卷的数据录入过程中，由于样本容量很大，需要不同的数据录入人员分地区同时进行录入（在同样的编码前提下），然后就会涉及到记录的合并。

不管是变量的合并还是记录的合并都有两种合并方式。一种是通过手工操作，采用"复制＋粘贴"的方式来完成数据的合并，这种方式的不足在于数据库很大的时候容易出现操作误差。另外一种是通过计算机命令操作，这种方式可以避免操作误差，同时效率也会大大提高，具体操作如图 3-4-2 所示。

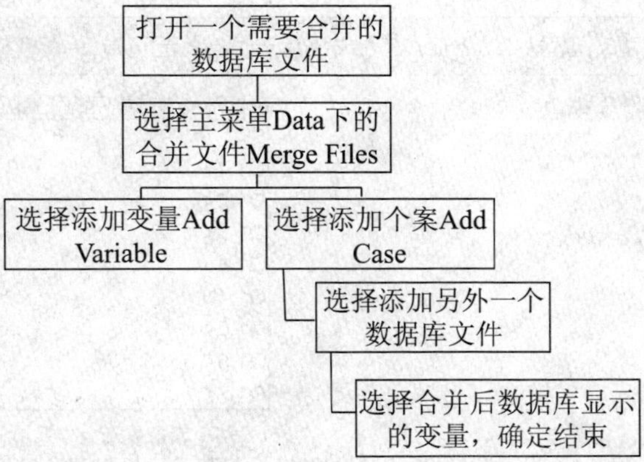


**图 3-4-2　数据合并窗口**

以添加个案文件为例进行说明：在 Spss 界面中，先打开一个数据库文件，选择主菜单数据（Data）下拉菜单中选择合并文件（Merge Files），然后选择添加个案（Add Cases）（或者选择添加变量（Add Variable）），出现图 3-4-3 的界面，在浏览中选择添加的数据库文件，选择继续出现图 3-4-4 界面，如果两个数据库文件中全部的变量具有相同的变量名和数据类型，系统会默认将所有的变量名全部显示在图 3-4-4 右边新活动数据集中的变量下的文本框中，如果两个数据库文件中仅有部分变量具有相同的变量名和数据类型，系统会默认将具有相同的变量名和数据类型的变量显示在图 3-4-4 右边新活动数据集中的变量下的文本框中，不相同的则需要人工操作，从左边的未配对变量文本框中选择到右边的文本框中。最后，单击确定即可完成数据的合并。

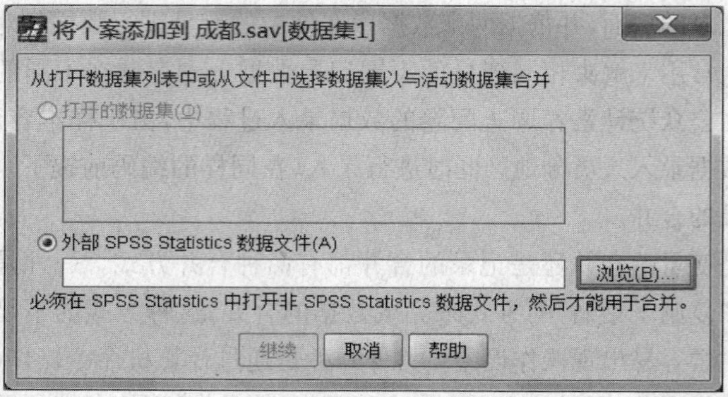


图 3-4-3　　数据合并流程

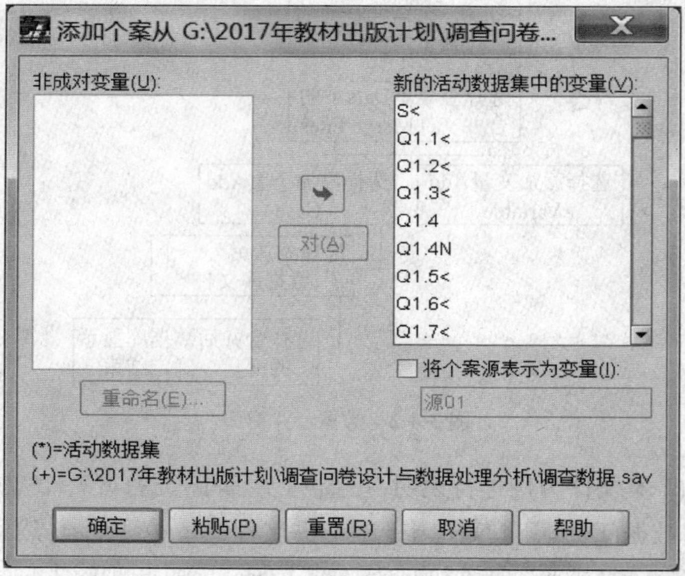


图 3-4-4　添加个案文件界面

## § 3.5　数据插补

### 3.5.1　数据插补的涵义

数据插补是弥补数据审核中发现的数据缺失、无效和不一致问题而产生的一种数据处理技术。数据插补要改变一些回答，并对审核过程中发现的缺失信息进行补充或者替代，确保得出内在一致的数据。有些问题可以通过与被调查者联系或者通过研究问卷得到解决，但由于时间、费用等因素的限制，有一些问题就需要通过插补的方式进行处理。

缺失数据不能与无效数据等同起来，一般有以下几种情况会产生缺失数据：回答者不知道问题的答案；回答者拒绝回答有关问题；回答者答非所问；调查人员疏忽漏掉询问的问题，因此回答者没有回答。针对有缺失数据，如果简单将此样本剔除，那么样本数越来越少，最后的结果是使样本估计的精确度降低，统计检验说服力差；如果回答者有明显特征差异，那么得到的结果产生的偏差很大。总体来说，如果分析变量很多时，简单将缺失值剔除的后果是其样本的代表性不显著，误差过大，造成的后果将非常严重。

### 3.5.2 数据插补的方法

一般情况下，在数据缺失数量超过10%时就要进行插补。常用来处理缺失数据的方法是填充法。此方法可以保留下所收集的缺失问卷的其他信息资料，同时还可以避免非随机性引起的偏差。主要有以下几种形式。

1. 推理替代法。是指一般通过推理判断确定缺失或不一致数据的方法。比如在调查居民消费水平及消费结构时，月总消费额为1000元，其中食品和衣着支出分别为600元和400元，其余支出项目空白，通过计算检查可知其余项目支出均为零。

2. 中性值替代法。是指对缺失或不一致数据用该变量的中性值来代替的方法，一般中性值包括均值、中位数、众数等。这种方法一方面不会改变其他变量，同时，诸如相关分析等统计结果也不会受到太大影响。但是它不一定能够代表调查单位对这个问题的真实答案，实际上可能远远高于或低于这个答案。

3. 估计值替代法

(1)相近样本值替代，即寻找与该样本单位相近的样本，利用它的取值替代缺失数据。

(2)均值加随机项替代。利用中性值，然后再通过残差的分布获得随机项的估计。

(3)预测值替代。利用相关变量建立回归模型，然后从回归模型中得到预测值来替代缺失数据。

(4)预测值加随机项替代。从回归模型中得到预测值加上随机项来替代缺失数据。

此外,对于少量确实无法通过填充法进行缺失数据处理的项目,则可以采用剔除法,即将缺失数据信息剔除掉。剔除的方式有个案剔除和配对剔除。前者是只剔除缺失数据项目,后者除剔除缺失项目外,还要剔除与缺失项目相对的(即使没有缺失)项目信息。

## §3.6 数据分组

### 3.6.1 数据分组的涵义与种类

数据分组指根据统计的研究目的和任务,按照某一或某几个分组变量将调查总体分成若干性质不同组的过程,使各组之间差异尽量大,组内单位差异尽量小。相对于总体而言是“分”,将总体分为几部分,相对于个体而言是“组”,将性质相同或相似的的个体组成一组。数据分组的关键在于正确选择分组变量,要本着反映事物本质、与研究目的和任务紧密相关的原则正确选择分组变量。一般的品质变量数据分组在设计问卷时就已进行,在数据处理过程中的分组一般只涉及到对数量变量或者对原来设计的组进行合并的再分组。

#### 3.6.1.1 根据变量的不同分为品质变量分组和数量变量分组

1. 品质变量分组是指按照反映事物属性的品质变量分组,一般在调查问卷设计阶段,就已进行分组设计。例如,按性别、按职业等分组都属于品质分组。按品质变量来分组比较容易划分,有多少个变量表现就划分为多少组。

2. 数量变量分组是指按照某一数量变量,将总体单位划分为若干组,一般是在数据录入之后,通过数据重新编码或者函数来实现。例如,收入、年龄、利润等。按数量变量进行分组应注意:不要遗漏任何原始资料所提供的数据;组限和组距尽可能取整数,不要取小数;各组的组距尽可能相等,即尽可能多用等距式分组,少用异距式分组;问卷中回答项目本身就已经分类的,分组就可按其分类进行排列;使用的组距要使最常出现的答案在分布的中间,保证分组后的数据如实反映数据分布的集中趋势。

#### 3.6.1.2 根据分组变量的多少分为简单分组和复合分组

1. 简单分组指只按照一个分组变量进行的分组,我们常见的频数分析就属于利用简单分组资料进行的。

2. 复合分组指按照两个或两个以上的分组变量，对总体进行重叠分组，常见的就是两因素或三因素的列联表分析。

### 3.6.2 数据分组的原则

数据分组的基本原则主要有三个，与问卷答案的设计原则基本一致。第一，组别要互斥。互斥就是在特定的分组变量下，调查总体中的任何一个调查单位只能归属于某一组，而不能同时或可能归属于几个组。第二，组别要完备，或者更形象地说是要穷尽。穷尽就是要保证分组使调查总体中的每一个调查单位都应有组可归，或者说各分组的空间足以容纳总体所有的个体单位。第三，组别要反映事物本质。分组必须保证使组间单位的差异很大，组内单位的差异很小。例如：数量变量成绩转变为品质变量时，为了保证穷尽原则要设置为重组限分组，同时规定“下限组原则”或者“上限不在内”来保证互斥原则，另外，还要反映事物本质。比如将成绩划分为 5 组，即 60 分以下就是不及格，60～70就是及格，70～80 是中等，80～90 是良好，90～100 是优秀而不都采用组距为 10 来划分为 10 组。

### 3.6.3 数据分组的作用

数据分组在统计研究中具有非常重要的作用。首先，可以使零散的数据系统化和有条理化，可以通过分组变量的分布表反映原始数据；其次，可以从数量上揭示总体内部的结构状况，反映各部分与整体的关系，以及各部分之间存在的差别和相互联系，从而帮助人们认识掌握事物的特征和本质，例如，通过下一章频数分布表中的频率（比重），就可以反映出总体的结构；最后，可以分析不同现象间的依存关系，例如，通过下一章交叉分析的列联表和相关分析的相关系数，反映任何变量间的相互关系，甚至相关程度。总之，通过数据分组，更有利于进行各种后期的统计分析。

### 3.6.4 数据分组的 Spss 实现

数据分组一般通过转换中重新编码功能来实现。一种是编码为相同变量，即覆盖原来的变量，不建议采用；另一种是编码为不同变量，重新再生成一个新变量,建议采用该种方式。

3.6.4.1　分组数据再分组

当调查问卷设计的分组组别过细时,就需要在数据处理阶段对某些组别进行合并再分组。

1. 重新编码为不同变量的具体操作(建议采用)

第一步:选择主菜单转换(Transform),选择下拉菜单重新编码为不同变量(Record into Different Variable)出现图 3-6-1,选择需要重新编码的分组变量,然后单击箭头按钮将分组变量添加到数字(字符串)变量——输出变量窗口下,并设置输出变量的名称和标签,点击更改按钮。比如:从左边的文本框中选中 Q1.4 年龄变量,然后单击箭头按钮添加到右边的文本框中,并设置名称为 q1.4 $,点击更改;

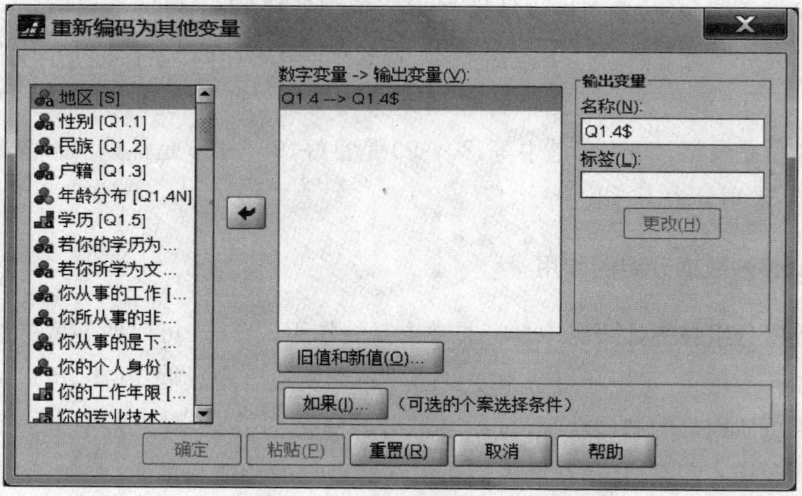


图 3-6-1　重新编码为不同变量界面

第二步:在图 3-6-1 中,单击旧值和新值(Old and New Values)按钮进行再分组的定义,出现图 3-6-2 界面。在旧值(Old Values)下根据原来变量的属性填入原来的变量值,在新值(New Values)下后面的框中定义对应的代码,由于此时变量是分组后的数字变量,所以只能值对值的进行合并,即将 1 和 2 组合并为一组,表示将 17 岁以下和 18～40 岁两组合并为 1,代表 40 岁以下,其他组不变。然后单击添加按钮确认,并添加到旧→新:下面的文本框中,点击继续返回到图 3-6-1;

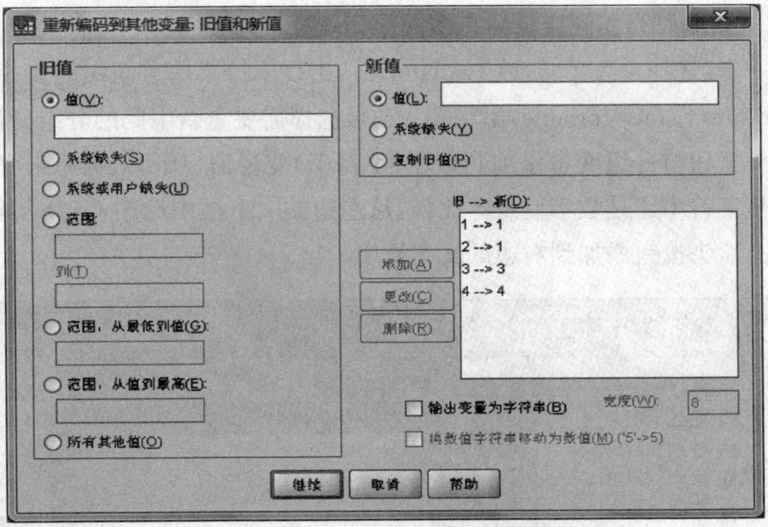


图 3-6-2 重新编码为不同变量赋值界面

第三步:如果定义的新变量只对某些个案适用,则可以点击"如果……"按钮,在图 3-6-3 中进行设置,一般默认所有个案适用。最后,在图 3-6-1 界面中,单击确定按钮完成数据的分组转换。因为操作后将会按照设置生成新变量和数据,保留原来的变量和数据,所以建议尽量采用这种方法。

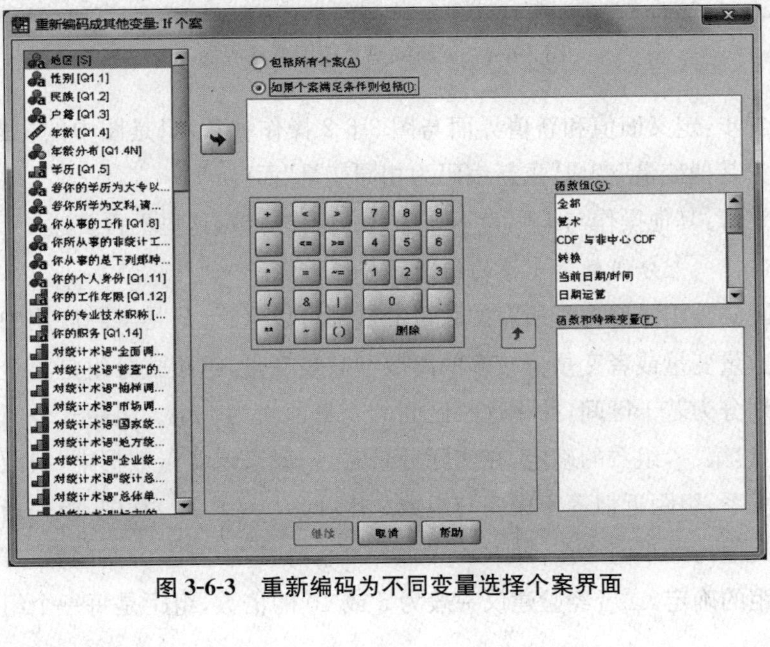


图 3-6-3 重新编码为不同变量选择个案界面

2. 重新编码为相同变量的具体操作(不建议采用)

第一步:选择主菜单转换(Transform),出现下拉菜单重新编码为相同变量(Record into Same Variable)出现图3-6-4,选择需要重新编码的分组变量,然后单击箭头按钮将分组变量添加到数字(字符串)变量窗口下,根据原来变量的类型默认是字符串还是数字变量。比如:从左边的文本框中选中Q1.4年龄变量,然后单击箭头按钮添加到右边的文本框中。

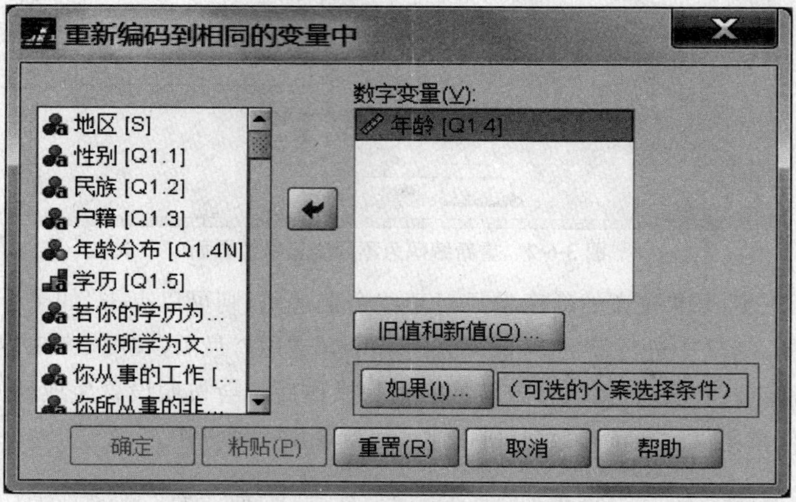


图3-6-4 重新编码为相同变量界面

第二步:定义旧值和新值界面与图3-6-2操作一致,只是图中的主题由"重新编码为其他变量"变成"重新编码为相同变量"而已;

第三步:其他操作与编码为不同变量的操作一致,这里不再赘述。

3.6.4.2 未分组数量变量的组距式分组

组距式分组虽然对于所有的数量变量都可以进行,只是实际应用中常用于连续型数量变量或者变量值较多的离散型数量变量,组距式分组是将全部变量值依次划分为若干区间,并将这一区间的变量值作为一组。组距式分组的关键在于两点:第一,组数的确定,在实际分组时,一般来说变量数据中,组距与组数成反比关系,组距近似等于极差与组数之比,即 $d \approx R/n$ ,其中,极差指变量数据中最大值与最小值之差,即 $R = X_{max} - X_{min}$ ,$d$ 为组距,$n$ 为组数。第二,组限和组距的确定,二者经验建议一般为5或10的倍数,组距是每一个组中上限与下限之差(组中最大值与组中最小值之差),一般组距、极差和总体单位数存在这样的关系 $d \approx R/(1+3.322\lg N)$,其中 $N$ 为总体单位数,根据这一关系结合具体实际情况确定组距及组限。

前面提到对于连续型数量变量或者变量值较多的离散型数量变量,数据分组通常采用变量的组距式分组。即采用指定分组区间的上限和下限,即在范围(Range):下的文本框中填入下限值和到(through)下的文本框中填入上限值进行区间定义,对于只有上限的下开口组,采用在范围最低值到值(Range, lowest through value):下的文本框中填入上限值,对于只有下限的上开口组组采用范围值到最高值(Range, value through highest):范围下的文本框中填入下限值。

例如:将变量值较多的离散型数量变量——年龄重新编码为不同变量,主要是重新编码为不同变量赋值界面有所不同而已,其他界面是一样的。将年龄分为17岁及以下、18~40岁、41~60岁和61岁及以上四组。

第一种,重新编码为不同字符型变量的具体操作(图3-6-5),在重新编码为不同变量赋值界面中选择"输出变量为字符串",这样新变量就是字符型变量,不需要再进行编码。具体编码过程为,在采用在范围最低值到值(Range, Lowest through value):下的文本框中填入上限值17,在新值(New Value)下值(Value)后面的框中填入17岁及以下,单击添加(Add);在范围(Range):下的文本框中填入18和到(through)下的文本框中填入40,在新值(New-Value)下值(Value)后面的框中填入18~40岁,单击添加(Add);在范围(Range):

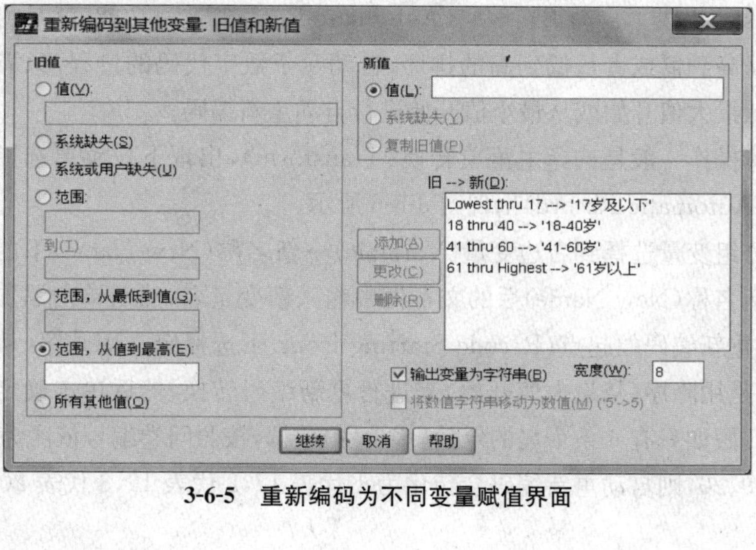


3-6-5 重新编码为不同变量赋值界面

下的文本框中填入 41 和到（through）下的文本框中填入 60，在新值（New Value）下值（Value）后面的框中填入 41～60 岁，单击添加（Add）；在范围值到最高值（Range，value through highest）：的文本框中填入 61 岁以上，单击添加（Add）；然后，单击继续（Continue）按钮返回到定义不同变量界面进行其他操作即可。

第二种，重新编码为不同数值型变量的具体操作，在重新编码为不同变量赋值界面中不需要选择“输出变量为字符串”，这样新变量就是数值型变量，需要再到变量窗口去进行编码。具体编码过程为：首先，在采用在范围最低值到值（Range，Lowest through value）：下的文本框中填入上限值 17，在新值（New Value）下值（Value）后面的框中填入 1，单击添加（Add）；在范围（Range）：下的文本框中填入 18 和到（through）下的文本框中填入 40，在新值（New Value）下值（Value）后面的框中填入 2，添加（Add）；在范围（Range）：下的文本框中填入 41 和到（through）下的文本框中填入 60，在新值（New Value）下值（Value）后面的框中填入 3，单击添加（Add）；在范围：值到最高值（Range，value through highest）：的文本框中填入 61，在新值（New Value）下值（Value）后面的框中填入 4，单击添加（Add）；然后，单击继续（Continue）按钮，返回到定义相同变量界面进行其他操作即可；最后，到变量窗口去进行编码，1、2、3、4 依次代表 17 岁及以下，18～40 岁、41～60 岁、61 岁以上。

3.6.4.3　自动重新编码

Spss 还提供了自动重新编码（Automatic Record）这一功能，就是将数据自动进行从高到低或者从低到高的排序，自动赋予数字代码的过程，只需要指定计算机从最大值开始或从最小值开始进行自动重新编码。

具体操作一般是选择主菜单转换（Transform），出现下拉菜单选择自动重新编码（Automatic Record）出现图 3-6-6 所示。

将分组变量选择到右边变量（Variable）→新名称（New Name）下的文本框中。在新名称（New Name）后的文本框中输入新变量名，然后单击添加新名称按钮，在重新编码的起点（Recode Starting from）下选择定义用升序（从最小值开始）还是用降序（从最大值开始）来进行重新编码转换，然后单击确定按钮即可完成。假如只有 6 条个案的年龄（多少岁）数据，按照问卷编号依次为 20、17、24、60、19、20，则自动重新编码会转化为 1 代表 17，2 代表 19，3 代表 20，4 代表

24,5 代表 60。同理,如果文件中有 n 条年龄为 17、19、20、24、26 的个案,则年龄为 17 的个案自动会转换变量值为 1,年龄为 19 的所有个案自动转换变量值为 2,以此类推。多适用于变量值种类少的离散型变量。

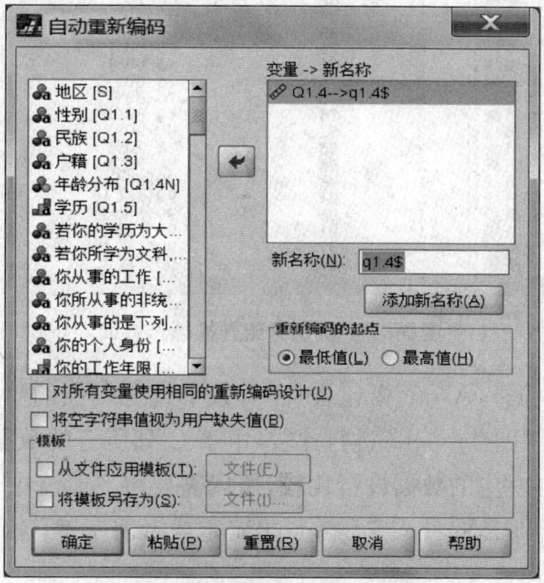


图 3-6-6 自动重新编码变量界面

### 3.6.5 数据分组的 Excel 实现

在 Excel 软件中数据分组的实现与 Spss 中差不多,多用于连续型数量变量或者变量值较多的离散型数量变量,通常是通过函数 lookup(返回向量或数组中的数值)来实现数据转换。下面结合一个具体的例子,讲解一下返回数组中数值的操作。

如何将考试成绩(百分制 D 列)转换为分组的考试成绩变量(G 列),即分组为 60 分以下、60～70 分、70～80 分、80～90 分和 90 以上。具体步骤如图 3-6-7 所示:

第一步:在 E 列 2 到 6 行(或任意空白列区域内)输入各组的下限值,即 0、60、70、80、90;

第二步:在 F 列 2 到 6 行(或任意空白列区域内)输入各组的显示变量值,即 60 分以下、60～70 分、70～80 分、80～90 分和 90 以上;

第三步,在 G 列 2 行输入函数 lookup 的参数设置,value 指要查找返回的

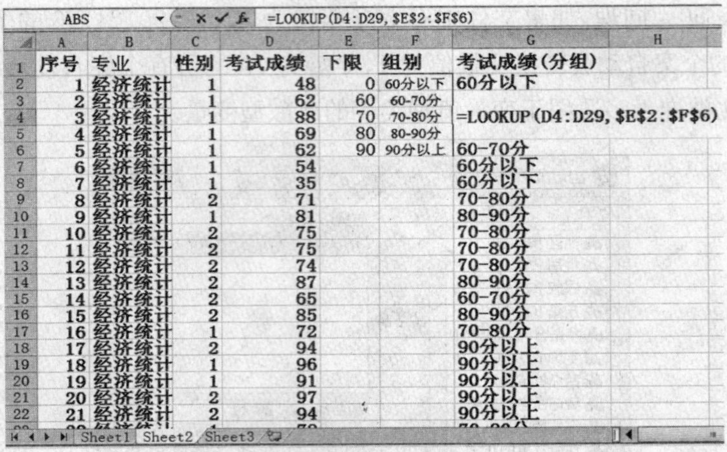
ABS =LOOKUP(D4:D29, $E$2:$F$6)

| | A | B | C | D | E | F | G | H |
|---|---|---|---|---|---|---|---|---|
| 1 | 序号 | 专业 | 性别 | 考试成绩 | 下限 | 组别 | 考试成绩(分组) | |
| 2 | 1 | 经济统计 | 1 | 48 | 0 | 60分以下 | 60分以下 | |
| 3 | 2 | 经济统计 | 1 | 62 | 60 | 60-70分 | | |
| 4 | 3 | 经济统计 | 1 | 88 | 70 | 70-80分 | =LOOKUP(D4:D29, $E$2:$F$6) | |
| 5 | 4 | 经济统计 | 1 | 69 | 80 | 80-90分 | | |
| 6 | 5 | 经济统计 | 1 | 62 | 90 | 90分以上 | 60-70分 | |
| 7 | 6 | 经济统计 | 1 | 54 | | | 60分以下 | |
| 8 | 7 | 经济统计 | 1 | 35 | | | 60分以下 | |
| 9 | 8 | 经济统计 | 2 | 71 | | | 70-80分 | |
| 10 | 9 | 经济统计 | 1 | 81 | | | 80-90分 | |
| 11 | 10 | 经济统计 | 2 | 75 | | | 70-80分 | |
| 12 | 11 | 经济统计 | 2 | 75 | | | 70-80分 | |
| 13 | 12 | 经济统计 | 2 | 74 | | | 70-80分 | |
| 14 | 13 | 经济统计 | 2 | 87 | | | 80-90分 | |
| 15 | 14 | 经济统计 | 2 | 65 | | | 60-70分 | |
| 16 | 15 | 经济统计 | 2 | 85 | | | 80-90分 | |
| 17 | 16 | 经济统计 | 1 | 72 | | | 70-80分 | |
| 18 | 17 | 经济统计 | 2 | 94 | | | 90分以上 | |
| 19 | 18 | 经济统计 | 1 | 96 | | | 90分以上 | |
| 20 | 19 | 经济统计 | 1 | 91 | | | 90分以上 | |
| 21 | 20 | 经济统计 | 2 | 97 | | | 90分以上 | |
| 22 | 21 | 经济统计 | 2 | 94 | | | 90分以上 | |

Sheet1 Sheet2 Sheet3

**图 3-6-7 数据分组转换操作界面**

数组数据(D 列数据),Array 指包含文本、数字或逻辑值的单元格区域或数组(E2 到 F6),该值用于与 value 进行比较,由于 G 列所有的数据都要根据 E2 到 F6 的条件与 D 列对应的数据进行比较,所以需要将 Array 中 F2 到 F6 的内容绝对引用,表现为＄E＄2:＄F＄6,点击确定或者回车键,G2 即可按照条件显示 60 分以下。

第四步,选定 G2 并将鼠标移至右下角显示黑色小十字时,按住鼠标左键向下移动鼠标,这样 G2 及以后的数据都会按照 E2 到 F6 的条件与 D 列对应的数据进行比较,从而显示分组数据。

## § 3.7 数据显示

数据显示是指将数据分组的资料进行汇总,并以一定的形式呈现出总体的数量特征。数据显示的形式主要有:统计表、统计图、调查分析报告等。这里只介绍较为简单独立的统计图和统计表。在本书的第五章将详细介绍采用调查分析报告这一综合全面的数据显示形式。

### 3.7.1 统计表

1. 统计表的涵义

广义的统计表指以线条形式呈现数据,形成的都是统计表,包括统计工作各个阶段中所用的一切表格，有调查表、整理表、分析表，这里指狭义的统计表，主要指后两者，调查表(调查问卷)在第二章已经介绍。统计调查搜集的原始资料，经过整理，得到说明客观事物数量特征、数量关系和数量规律的数据，将这些数据按一定的顺序排列在表格上，就形成了统计表。统计表清楚地、有条理地显示统计资料，直观地反映统计分布特征，是统计分析的一种重要工具。

2. 统计表的结构

从表式上看，统计表是由纵横交叉的线条组成的一种表格，表格包括总标题、横行标题、纵栏标题和指标数值四个部分。总标题是统计表的名称，它简明扼要地说明表的基本内容，并指明时间和范围。它置于统计表格的正上方。横行标题是横行的名称，一般放在表格的左方；纵栏或纵列标题是纵列的名称，一般放在表格的上方。横行标题和纵列标题共同说明填入表格中的统计数值所指的内容。指标数值是列在横行和纵列的交叉处，即表格中的数值就是指标数值，用来说明总体及其组成部分的数量特征，是统计表的核心部分。

从内容上来看，统计表是由主词栏和宾词栏两个部分组成。主词栏是统计表所要说明的总体及其组成部分，一般都列在表的左半部分；宾词栏是统计表用来说明总体数量特征的各个统计指标及其数值，一般都列在统计表的右半部分。

此外，统计表还有补充资料、注解、资料来源、填表单位、填表人等附加内容。统计表的一般结构如表 3-7-1 所示。

**表 3-7-1　统计表的解析表**

**2010年亚洲主要国家人口及年龄分布状况** ← 总标题

| 国别 | 14岁以下占比（%） | 15-64岁占比（%） | 65岁以上占比（%） | 年中人数（亿人） |
|---|---|---|---|---|
| 中国 | 16.6 | 74.5 | 8.9 | 13.4 |
| 印度 | 30.6 | 64.5 | 5.1 | 12.3 |
| 日本 | 13.4 | 64.0 | 22.9 | 1.28 |
| 韩国 | 16.4 | 72.4 | 11.1 | 0.49 |

纵列标题（表头）；横行标题（国别列）；数字资料指标数值（表中数值）

主词　　宾词

数据来源：国际统计年鉴 ← 表外附加或注释

3. 统计表种类

统计表根据主词是否分组和分组的程度，分为简单表、简单分组表和复合表(交叉表)。简单表指主词没有进行任何分组，一般个体的原始数据或者时间数列都表现为简单表；简单分组表指主词只按照一个变量进行分组整理形成的表，如频数分析的结果就是以简单分组表的形式呈现，如表 3-7-2 所示；复合表指主词按照两个或两个以上变量分组，分析结果交叉排列的统计表，如进行交叉分析的结果就是以交叉表的形式呈现如表 3-7-3，具体操作见第四章，此处不再赘述。

表 3-7-2　简单分组表的解析表

某课程成绩分布表 ← 总标题

| 考试成绩（分） | 人数（人） | 比重（%） |
|---|---|---|
| 60以下 | 20 | 15.4 |
| 60~70 | 28 | 21.5 |
| 70~80 | 39 | 30.0 |
| 80~90 | 25 | 19.2 |
| 90以上 | 18 | 13.8 |
| 合计 | 130 | 100 |

← 纵列标题

横行标题

数字资料指标数值

主词　　宾词

表 3-7-3　复合分组表的解析表

某课程不同性别成绩分布表 ← 总标题

| 考试成绩（分） | 性别（%） | |
|---|---|---|
| | 男 | 女 |
| 60以下 | 29.5 | 13.7 |
| 60-70 | 36.4 | 22.1 |
| 70-80 | 18.2 | 21.1 |
| 80-90 | 11.4 | 26.3 |
| 90以上 | 4.5 | 16.8 |
| 合计 | 100 | 100 |

← 纵栏标题

横行标题

数字资料指标数值

主词　　宾词

4. 统计表的格式及内容要求

第一，表式通常左右两端不封口，即左右两端不画线；上下两条线要用粗线，横行间一般不画线，有时可也用细线，纵列标题下及所有列之间用细线。

第二,统计表必须有计量单位,如果所有指标单位相同,可以将单位提至与总标题同行的右上角;如果单位不一致则需要单独标记单位或者形成计量单位行或列。

第三,统计表中的数据要规范整齐完备,不允许有空白。为零或不足为零时应该记 0,缺少某项数据用"……",无法计算或不存在的数据用"——"表示。

第四,如果统计表的横行和纵列数多,则可以单独一行和一列用(1)(2)(3)等标明,同时还可以体现各列或各行间的逻辑计算关系,如(5)=(2)+(4),(7)=(1)/(4)等。

### 3.7.2 统计图

统计图一般也是各种分析输出的重要结果之一,其可以更加形象化或者直观地反映统计分析的信息。主要包括条形图(Bar Chart)、线图(Line Chart)、面积图(Area Chart)、饼状图(Pie Chart)、直方图(Histograms)、散点图(Scatter dot Chart)、箱状图(Boxplot Chart) 等等。

在 Spss 中一般是通过主菜单图形(Graphs)下的各种图形选项实现的,如图 3-7-1 所示;在 Excel 中也有插入图表的功能,可以插入柱形图、条形图、饼图、折线图等图形,如图 3-7-2 所示。下面主要介绍常用的条形图、饼状图和直方图,对于具体操作实现将在第四章调查数据分析技术中相应介绍。

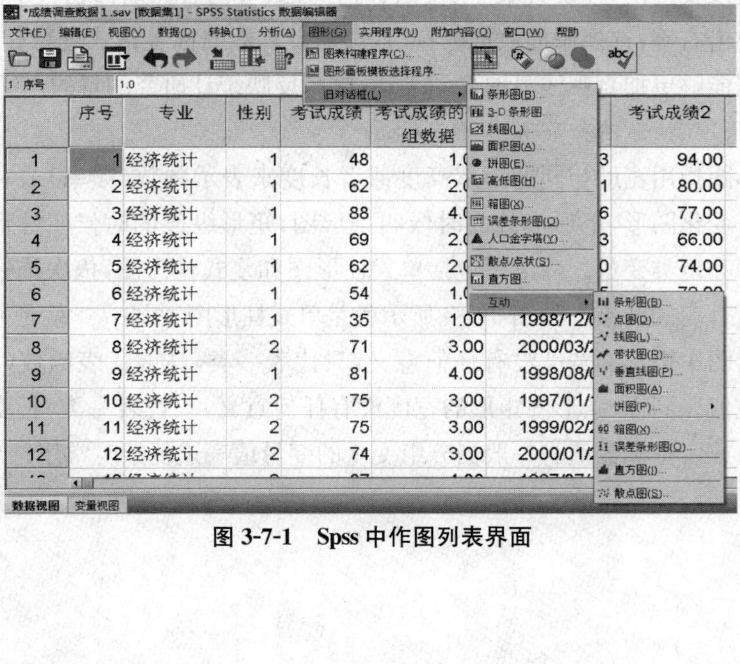


图 3-7-1 Spss 中作图列表界面

图 3-7-2　Excel 中作图列表界面

注意在 Excel 中,选中统计图并通过主功能栏布局中的标签来设计标题、坐标轴的标题;依次选择横纵坐标轴,并点击右键,选择设置坐标轴格式,选择坐标轴刻度线要向内,并设置数字、线条、对齐方式等内容;选择统计图中的具体图形并点击右键,选择添加数据标签,并选择设置数据标签格式进行相关处理。使统计图能够更加直观浅显地显示表达数据,反映统计研究的目的。

3.7.2.1　柱形图和条形图(Bar Chart)

柱形图指用宽度相同的矩形高度或者长度来表示频数(频率)或者指标数值的分布变化图形,矩形横放的时候叫条形图,矩形纵放的时候叫柱形图。适用于定序和定类变量。柱形图包括单式柱形图和复式柱形图,依次描述简单分组表和复合表的结果。如图 3-7-3 所示就是单式柱形图,图 3-7-4 就是复式柱形图。柱形图中矩形的宽度没有任何意义,只代表一类,高度代表频数(频率)或者指标数值。同样,条形图矩形的宽度没有任何意义,只代表一类,长度代表频数(频率)或者指标数值。一般当分组变量的变量值表述复杂时常用条形图。

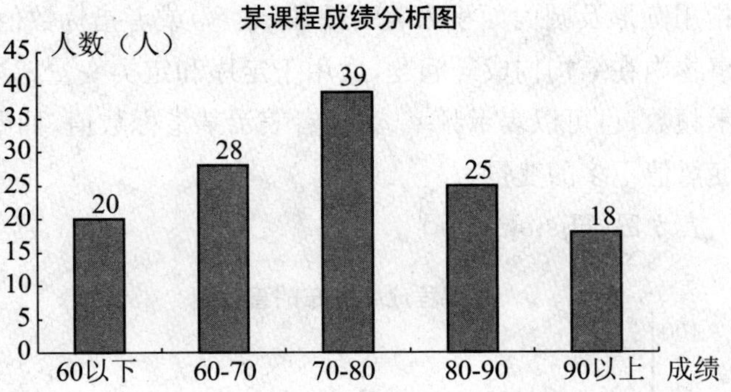


**图 3-7-3 Spss 条形图(Excel 柱形图)**

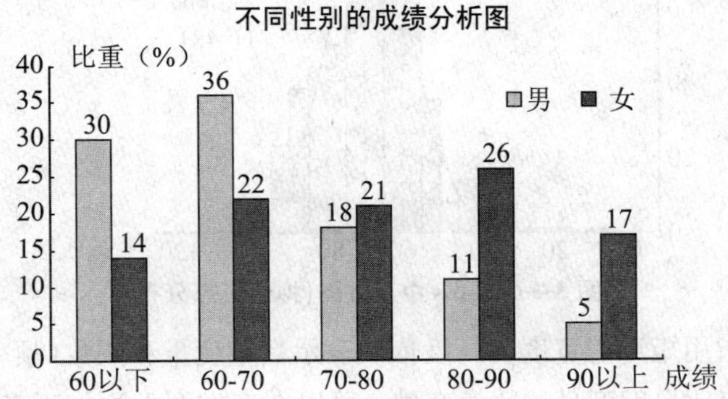


**图 3-7-4 Spss 复式条形图(Excel 复式柱形图)**

3.7.2.2 饼状图(Pie Chart)

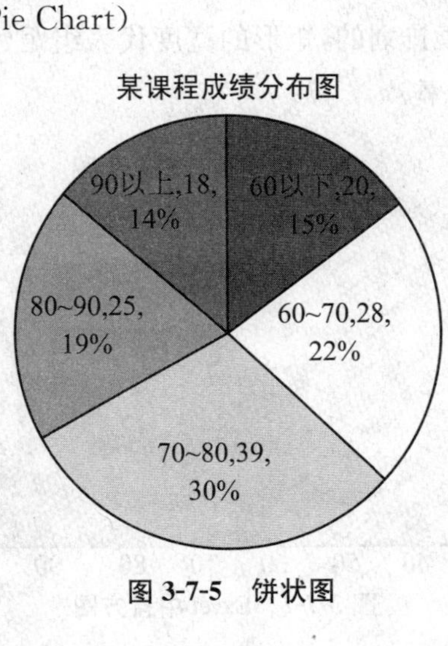


**图 3-7-5 饼状图**

饼状图指用圆形及圆内面积来表示频数(频率)或者指标数值大小的图形,以利于研究事物内在结构构成等问题,适用于定序和定类变量。饼状图的图内面积可以表示频数,也可以表示频率,又或者表示某指标数值,如图 3-7-5 所示。一般适用于变量值不多的变量。

3.7.2.3 直方图(Histograms)

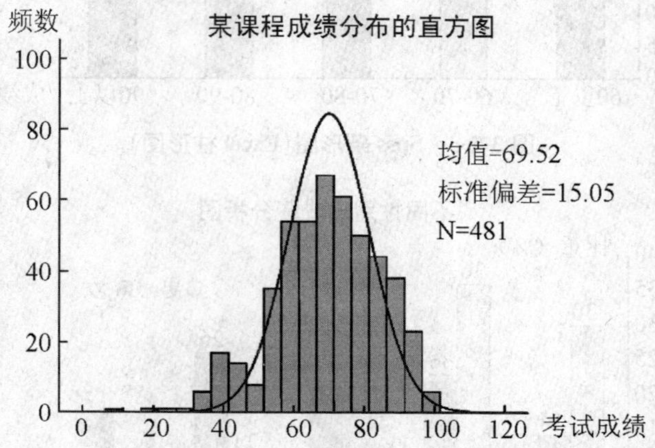


**图 3-7-6 Spss 中直方图(拟合正态分布)**

直方图指用矩形的宽度和高度依次表示数量变量和频数(频率)的图形,适用于定距和定比尺度度量的数量变量。可以在直方图上添加正态分布曲线,以便与正态分布对比,如图 3-7-6(Spss)和图 3-7-7(Excel)所示。一般横轴代表分组变量,各个矩形是连续排列的,矩形的宽度代表组距(变量值的变动范围),矩形的高度代表频数或频率。

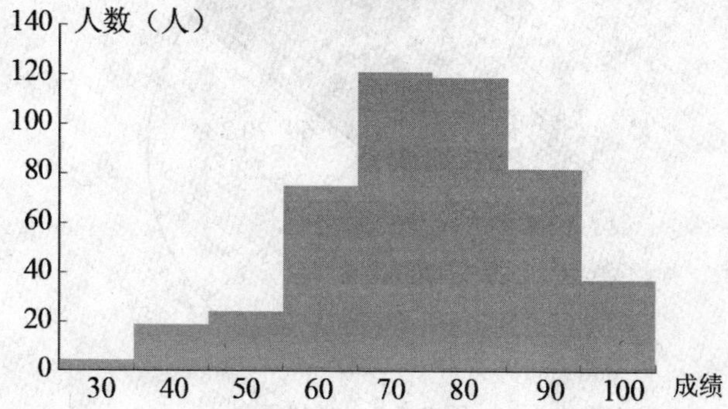


**图 3-7-7 Excel 中直方图**

3.7.2.4　线图(Line Chart)

线图指在平面上用折线表现数据变动特征和规律的统计图,主要适用于数据比较多截面数据或者时间数列数据,以反映事物发展变化的规律和趋势。如图 3-7-8 所示。一般横轴代表分组变量或者时间,点所处的高度代表频数(频率)或者指标数值大小。

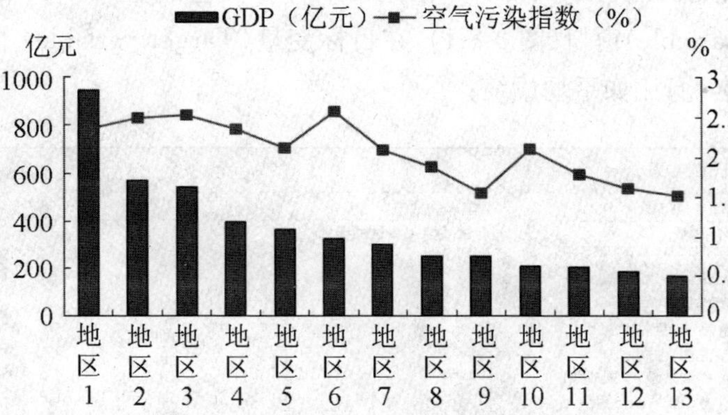


**图 3-7-8　Excel 中的 13 地区 GDP 和空气污染指数的双坐标轴线图**

3.7.2.5　双坐标轴图

有时对于量纲不同的两个变量数据,也可以使用双坐标轴图。如图 3-7-8,柱形图表示 GDP 的总量变动,矩形宽度代表一个地区,高度代表 GDP 总量,用是左边纵坐标线表示;线图表示空气污染指数变动,每个点表示一个地区,高度代表指数的大小,用右边纵坐标表示。

## § 3.8　数据计算

### 3.8.1　数据计算的涵义

现实数据处理中,经常需要利用已有的一些变量数据生成一些需求的新变量,数据计算就是能够满足这一需求的一种数据处理方法。数据计算是指根据原有数量变量数据生成新变量及数据的一种工具。在 Spss 中通过数据转换(Transform)菜单下的计算变量(Compute)来实现,在 Excel 中通过编辑栏中编辑公式实现,在数据转换过程中可以根据需求编辑函数关系,也可以利用软件中提供的一些函数(Function),具体包括求三角函数等数学函数、日期运算、字符提取、数值和字符变量转换等众多函数。下面主要详细介绍一般数据的计算和日期型数据计算两类,其他操作不作赘述。

### 3.8.2 一般数据计算的 Spss 实现

1. 选择数据转换(Transform)菜单下的计算变量(Compute),在计算变量(Compute Variable)窗口(图 3-8-1),在目标变量(Target variable)下的文本框中输入变量名称,比如平均成绩;

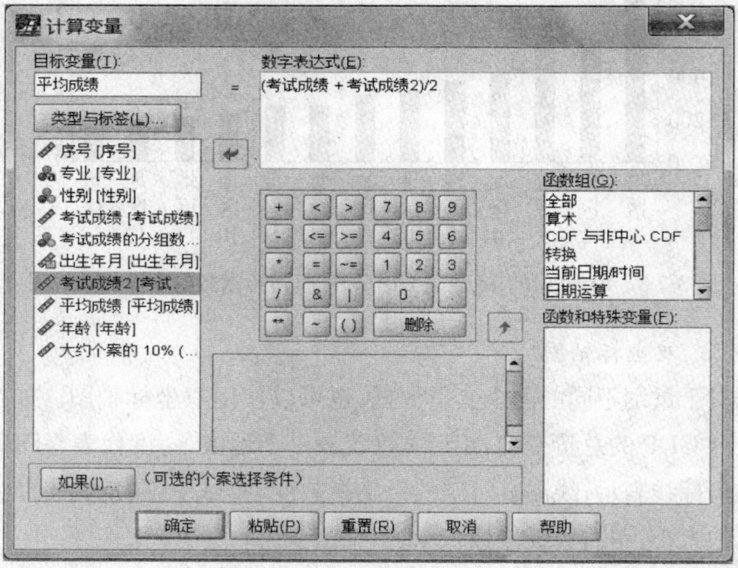


图 3-8-1 计算变量窗口

2. 点击下面的类型与标签(Type & Lable…)出现图 3-8-2,定义标签如平均成绩,且选择变量类型为数值型(Numeric)后点击继续(Continue)返回图 3-8-1;

3. 在计算表达式下的文本框内编辑公式,点击确定(OK)即可完成。由于例子中是计算平均数,所以编辑输入(考试成绩+考试成绩 2)/2,注意考试成绩和考试成绩 2 两个变量需要从右边的变量框中向右选择,而不能编写,最后点击确定(OK)即可完成。

4. 在数据视图(Data View)中将增加平均成绩这个数值型变量及每一个记录的变量值。当然有时候不是对所有的样本数据都进行计算,只需要对于满足一定条件的记录计算，此时则需要点击计算变量窗口中的如果(if…)去增加计算的条件，一般系统默认是对于所有的记录。

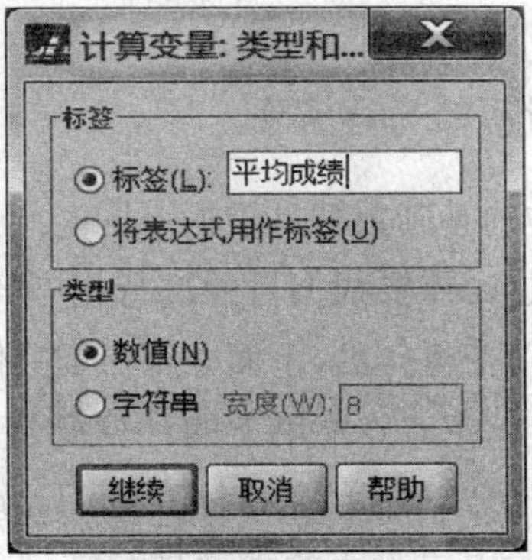


图 3-8-2　新变量标签及类型定义窗口

5. 注意，变量命名的时候建议采用简洁的字母和数字结合的方式，此处定义变量名平均成绩就不是很简洁。

### 3.8.3　一般数据计算的 Excel 实现

第一步：H1 中输入平均成绩，H2 中输入＝(D2＋G2)/2(或 average(D2, G2)，如果科目的成绩是相邻的，则可以将列间的逗号“,”换为冒号，输入＝average(D2 : G2)，表示 D 到 G 三个变量)，点击(Enter)回车键后，得到二者的平均成绩；

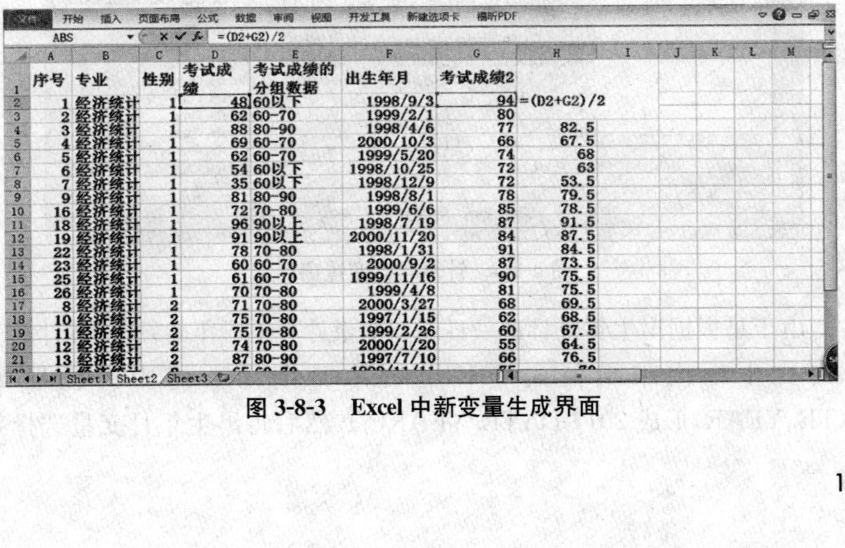

| | A | B | C | D | E | F | G | H |
|---|---|---|---|---|---|---|---|---|
| 1 | 序号 | 专业 | 性别 | 考试成绩 | 考试成绩的分组数据 | 出生年月 | 考试成绩2 | |
| 2 | 1 | 经济统计 | 1 | 48 | 60以下 | 1998/9/3 | 94 | =(D2+G2)/2 |
| 3 | 2 | 经济统计 | 1 | 62 | 60-70 | 1999/2/1 | 80 | |
| 4 | 3 | 经济统计 | 1 | 88 | 80-90 | 1998/4/6 | 77 | 82.5 |
| 5 | 4 | 经济统计 | 1 | 69 | 60-70 | 2000/10/3 | 66 | 67.5 |
| 6 | 5 | 经济统计 | 1 | 62 | 60-70 | 1999/5/20 | 74 | 68 |
| 7 | 6 | 经济统计 | 1 | 54 | 60以下 | 1998/10/25 | 72 | 63 |
| 8 | 7 | 经济统计 | 1 | 35 | 60以下 | 1998/12/9 | 72 | 53.5 |
| 9 | 9 | 经济统计 | 1 | 81 | 80-90 | 1998/8/1 | 78 | 79.5 |
| 10 | 16 | 经济统计 | 1 | 72 | 70-80 | 1999/6/6 | 85 | 78.5 |
| 11 | 18 | 经济统计 | 1 | 96 | 90以上 | 1998/7/19 | 87 | 91.5 |
| 12 | 19 | 经济统计 | 1 | 91 | 90以上 | 2000/11/20 | 84 | 87.5 |
| 13 | 22 | 经济统计 | 1 | 78 | 70-80 | 1998/1/31 | 91 | 84.5 |
| 14 | 23 | 经济统计 | 1 | 60 | 60-70 | 2000/9/2 | 87 | 73.5 |
| 15 | 25 | 经济统计 | 1 | 61 | 60-70 | 1999/11/16 | 90 | 75.5 |
| 16 | 26 | 经济统计 | 1 | 70 | 70-80 | 1999/4/8 | 81 | 75.5 |
| 17 | 8 | 经济统计 | 2 | 71 | 70-80 | 2000/3/27 | 68 | 69.5 |
| 18 | 10 | 经济统计 | 2 | 75 | 70-80 | 1997/1/15 | 62 | 68.5 |
| 19 | 11 | 经济统计 | 2 | 75 | 70-80 | 1999/2/26 | 60 | 67.5 |
| 20 | 12 | 经济统计 | 2 | 74 | 70-80 | 2000/1/20 | 55 | 64.5 |
| 21 | 13 | 经济统计 | 2 | 87 | 80-90 | 1997/7/10 | 66 | 76.5 |

图 3-8-3　Excel 中新变量生成界面

第二步：点击 H2，鼠标移至右下角，显示黑色小十字时，按住鼠标左键向下移动，整个一列将按照＝(D2＋G2)/2 进行相对引用，形成每个样本的平均成绩(图 3-8-3)。

### 3.8.4 日期型数据计算的 Spss 实现

通常社会经济管理中的基础数据是根据不同时间进行管理的，很多时候要生成不同时间属性数据，这时需要根据目的进行相应的数据计算。比如根据已有的出生年月变量，生成新变量年龄，下面介绍一下具体的计算操作过程。

1. 选择数据转换(Transform)菜单下的计算变量(Compute)，在计算变量(Compute Variable)窗口(图 3-8-4)，在目标变量(Target variable)下的文本框中输入变量名称为年龄；并点击下面的类型与标签(Type & Lable…)出现，定义标签为年龄，且选择变量类型为数值型(Numeric)后点击继续(Continue)返回图 3-8-4；

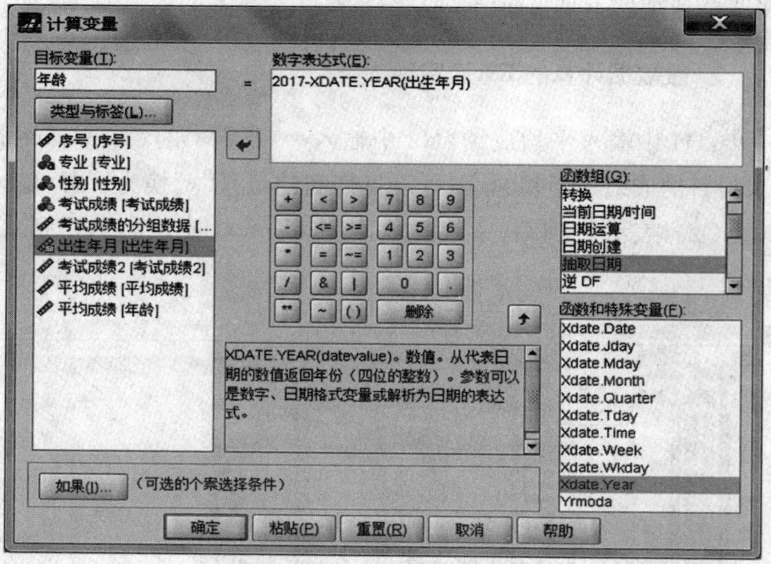


图 3-8-4　计算年龄变量窗口

2. 由于是根据出生年月日这一日期型变量计算生成年龄，所以在计算表达式下的文本框内编辑公式 2017－提取日期函数组中的提取年份 XDATE. YEAR，形成 2017-DATE. YEAR(?)，然后将出生年月变量选择替换问号，点击确定(OK)即可完成年龄这个新变量；

3. 在数据视图(Data View)中将增加年龄这个数值型变量及每一个记录的变量值。当然有时候不是对所有的样本数据都进行计算，只需要对于满足一定条件的记录计算，此时则需要点击计算变量视图中的如果(if…)去增加计算的条件，一般系统默认是对于所有的记录。

4. 注意，如果是提取月、星期等数据也可以进行同样的操作，只需要选择DATE. MONTH(?)或者 DATE. WEEK(?)等函数进行操作即可。

### 3.8.5　日期型数据计算的 Excel 实现

第一步，L1 中输入出生年度，L2 中输入＝YEAR(F2)（F 列是日期型数据)，点击(Enter)回车键后，得到出生年度数据；

第二步，I1 中输入年龄，I2 中输入＝2017-L2，点击(Enter)回车键后，得到年龄数据；

第三步，选择 L2 和 I2，鼠标移至右下角，显示黑色小十字时，按住鼠标左键向下移动，整个一列将按照公式进行相对引用，形成每个样本的出生年度和年龄数据。

或者直接一步完成，即：I1 中输入年龄，I2 中输入＝2017-YEAR(F2)（F 列是日期型数据)，点击(Enter)回车键后，得到年龄数据，并选择 I2 鼠标移至右下角，显示黑色小十字时，按住鼠标左键向下移动，按照公式进行相对引用，形成每个样本的年龄数据(图 3-8-5)。

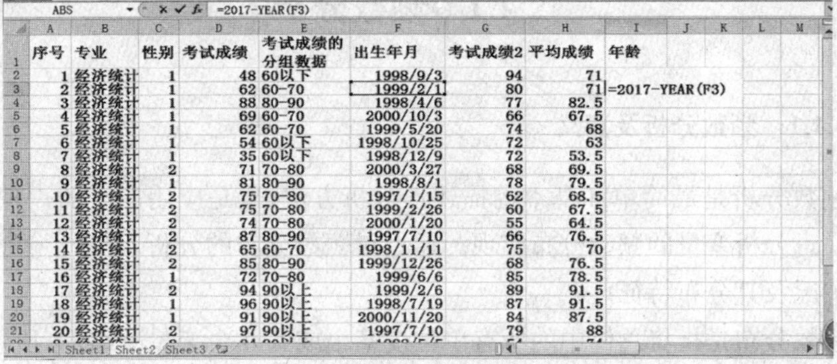


| | A | B | C | D | E | F | G | H | I |
|---|---|---|---|---|---|---|---|---|---|
| 1 | 序号 | 专业 | 性别 | 考试成绩 | 考试成绩的分组数据 | 出生年月 | 考试成绩2 | 平均成绩 | 年龄 |
| 2 | 1 | 经济统计 | 1 | 48 | 60以下 | 1998/9/3 | 94 | 71 | |
| 3 | 2 | 经济统计 | 1 | 62 | 60-70 | 1999/2/1 | 80 | 71 | =2017-YEAR(F3) |
| 4 | 3 | 经济统计 | 1 | 88 | 80-90 | 1998/4/6 | 77 | 82.5 | |
| 5 | 4 | 经济统计 | 1 | 69 | 60-70 | 2000/10/3 | 66 | 67.5 | |
| 6 | 5 | 经济统计 | 1 | 62 | 60-70 | 1999/5/20 | 74 | 68 | |
| 7 | 6 | 经济统计 | 1 | 54 | 60以下 | 1998/10/25 | 72 | 63 | |
| 8 | 7 | 经济统计 | 1 | 35 | 60以下 | 1998/12/9 | 72 | 53.5 | |
| 9 | 8 | 经济统计 | 2 | 71 | 70-80 | 2000/3/27 | 68 | 69.5 | |
| 10 | 9 | 经济统计 | 1 | 81 | 80-90 | 1998/8/1 | 78 | 79.5 | |
| 11 | 10 | 经济统计 | 2 | 75 | 70-80 | 1997/1/15 | 62 | 68.5 | |
| 12 | 11 | 经济统计 | 2 | 75 | 70-80 | 1999/2/26 | 60 | 67.5 | |
| 13 | 12 | 经济统计 | 2 | 74 | 70-80 | 2000/1/20 | 55 | 64.5 | |
| 14 | 13 | 经济统计 | 2 | 87 | 80-90 | 1997/7/10 | 66 | 76.5 | |
| 15 | 14 | 经济统计 | 2 | 65 | 60-70 | 1998/11/11 | 75 | 70 | |
| 16 | 15 | 经济统计 | 2 | 85 | 80-90 | 1999/12/26 | 68 | 76.5 | |
| 17 | 16 | 经济统计 | 1 | 72 | 70-80 | 1999/6/6 | 85 | 78.5 | |
| 18 | 17 | 经济统计 | 2 | 94 | 90以上 | 1999/2/6 | 89 | 91.5 | |
| 19 | 18 | 经济统计 | 1 | 96 | 90以上 | 1998/7/19 | 87 | 91.5 | |
| 20 | 19 | 经济统计 | 1 | 91 | 90以上 | 2000/11/20 | 84 | 87.5 | |
| 21 | 20 | 经济统计 | 2 | 97 | 90以上 | 1997/7/10 | 79 | 88 | |

图 3-8-5　Excel 中新变量生成界面

# 第四章　调查数据分析

调查数据分析是承接数据处理的一个重要工作过程，只有通过数据分析技术，才可能针对整理好的原始数据得到变量的分布特征，以统计表和统计图的形式呈现数据的特征和规律性，对客观事物的未来发展变化进行估计预测，并提供决策咨询方案。本章主要内容包括调查数据的频数分析、交叉分析、比较均值、相关分析、多元统计分析等分析技术。通过本章学习，掌握并熟悉各种常用的数据分析方法，运用 Spss 及 Excel 得到数据分析依据的统计图和统计表，并进行必要的分析。

## §4.1　频数分析

### 4.1.1　频数分析及意义

频数分析是最简单和基本的描述性分析方法，也是应用广泛的一种方法，一般通过分析变量的频数分布实现。通过对频数分布的分析，可以了解变量的取值情况及其分布特征。

频数分布是指将总体中的所有单位按某个或某几个变量分组后，所形成的总体单位在各组之间的分布。频数分布常用统计表或者统计图来表示，具体包括单式和复式两种。最简单的单式频数分布表就是横行标题表示各组的变量值，纵列标题表示各组对应频数或频率的表。

频数(Frequency)也称次数，指分布在各组的总体单位数(或各组变量值出现的次数)，频数之和就是总体单位总数 N 或者样本单位总数 n。

频率(Percent)也称比重或者百分比，指各频数与总体单位总数或样本单位总数之比，一般以百分数表示，因此，各组频率之和应该等于 100%。

有效百分比(Valid Percent)指各频数占有效总体单位数或样本单位数(不包括缺失单位数)的百分比，如果变量不存在缺失值时，频率和有效百分比一致，相反则不同。

累积百分比(Comulative Percent)指各百分比逐级累加起来的结果，最终取值为 100%，一般包括向上累积百分比和向下累积百分比，在 Spss 中一般进行的都是向上累积百分比，即变量值或代码从小到大进行逐级累积，注意该项指标对于定类尺度度量的变量毫无意义。

### 4.1.2　频数分析的适用条件

所有类型的变量都可以进行频数分析，常用于定类和定序尺度度量的品质变量，也可以用于定距和定比尺度度量的数量变量，只是当变量值很多时，一般不会直接采用频数分布表，而是转化为分组数据进行频数分析。频数分析不仅用于同一现象总体结构的分析，也可用于同一现象不同总体的比较分析，或者同一现象不同时间条件下的比较分析。

### 4.1.3　频数分析的 Spss 实现

1. 选择主菜单——分析(Analyze)，下拉菜单描述性分析(Descriptive Statistics)，然后选择频数分析(Frequencies)出现图 4-1-1，选择要进行频数分析的变量(一个或多个)进入右边变量(Variables)下的文本框内。比如：从左边的文本框中选中 Q1. 4 年龄变量，然后中间的弯箭头按钮添加到右边变量框中。

2. 单击统计量(Statistics)按钮，出现图 4-1-2，选择基本描述的统计量，其中，分位数(Percentile Values)中包括四分位数(Quartiles)、等间隔的 n 分位点还有指定的百分位点；集中趋势(Central Tendency)度量指标指包括平均数(Mean)、中位数(Median)、众数(Mode)和合计(Sum)；离中趋势(Dispersion)度量指标包括是标准差(Std. deviation)、方差(Variance)、范围(Range)、最大值

(Maximun)、最小值(Minimun)及平均数的标准误差(S. E. mean);分布(Distribution)的度量指标包括偏度(Skewness)和峰度(Kurtosis)。点击继续(Continue)按钮返回到图 4-1-1。由于年龄是数值型变量,故可以选择反映集中趋势、离散趋势和分布的统计量,一定要注意,只有数量变量才适用;相反,如果是用数字作为代码的字符型变量,不适合进行统计量的选择。

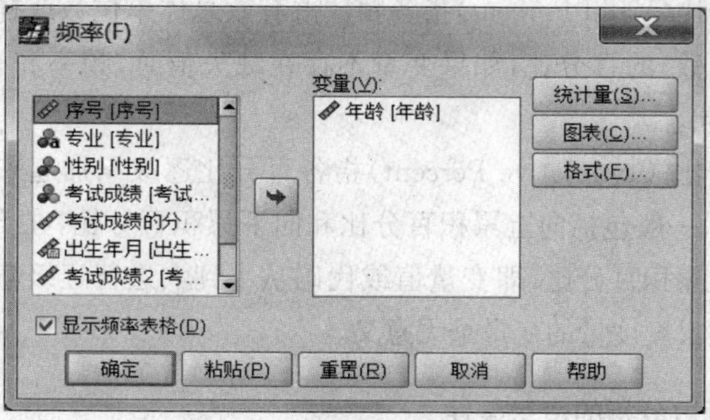


图 4-1-1　频数分析界面

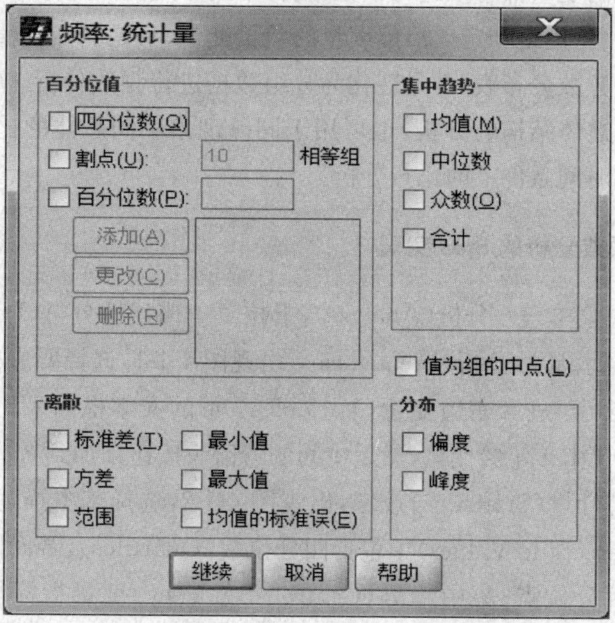


图 4-1-2　频数分析的统计量选项

3. 单击统计图(Charts)按钮,出现图 4-1-3,选择出现图表的类型以及图表的值。其中,图表类型(Chart Type)中 ,默认是无(None), 即没有输出的统计图;同时还可以选择条形图(Bar charts)、饼图(Pie charts)或带正态曲线的直方图 (Histograms:With normal curve),对于图表值可以选择频数(Frequencies)和频率(Percentages),点击继续(Continue)按钮返回到图 4-1-1。注意:一般分组数据适用于条形图和饼状图,对于未分组的原始数量数据适合用直方图。由于此处的年龄是分组后的数据,故选择饼状图,图中显示百分比 。

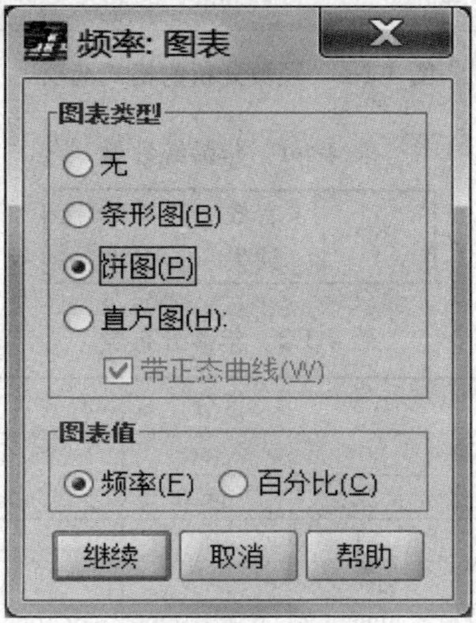


**图 4-1-3　频数分析的图表选项**

4. 单击格式(Format)按钮,出现图 4-1-4,选择图表的行变量值排列顺序。默认选择是按照变量值或代码升序排列升序(Ascending values),另外还有按照变量值降序排列(Descending values),按照计数升序降序排列(Descending counts),按照计数降序排列(Descending counts)。单击继续(Continue)按钮返回到图 4-1-1,最后单击图 4-1-1 中的确定按钮,得出频数分析的结果。

5. 频数分析结果由统计量(Statistics)结果、频数分布表和频数分布图结果三部分构成。其中,统计量结果(表 4-1-1)主要反映变量值有多少个,有无缺失值,以及选中的描述统计分析指标,年龄频数分布表结果(表 4-1-2,表格的格式有待规范);年龄频数分布的饼图结果(图 4-1-5)。

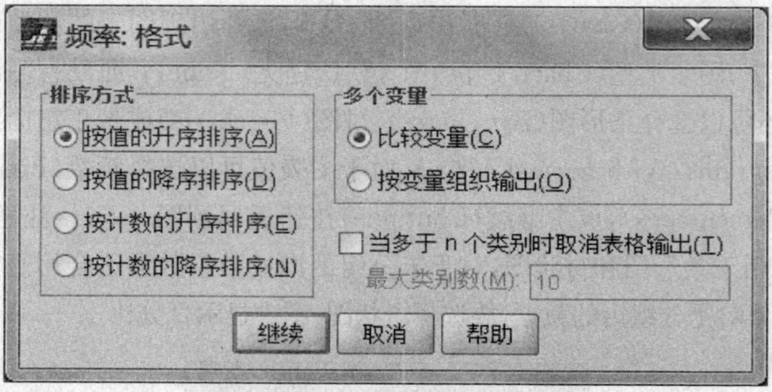


图 4-1-4 频数分析的格式选项

表 4-1-1 年龄统计量

| | | |
|---|---|---|
| N | 有效 | 828 |
| | 缺失 | 3 |

表 4-1-2 年龄分布表

| | | 频率 | 百分比 | 有效百分比 | 累积百分比 |
|---|---|---|---|---|---|
| 有效 | 17 岁以下 | 30 | 3.6 | 3.6 | 3.6 |
| | 18-40 岁 | 532 | 64.0 | 64.3 | 67.9 |
| | 41-60 岁 | 251 | 30.2 | 30.3 | 98.2 |
| | 61 岁以上 | 15 | 1.8 | 1.8 | 100.0 |
| | 合计 | 828 | 99.6 | 100.0 | |
| 缺失 | 系统 | 3 | .4 | | |
| 合计 | | 831 | 100.0 | | |

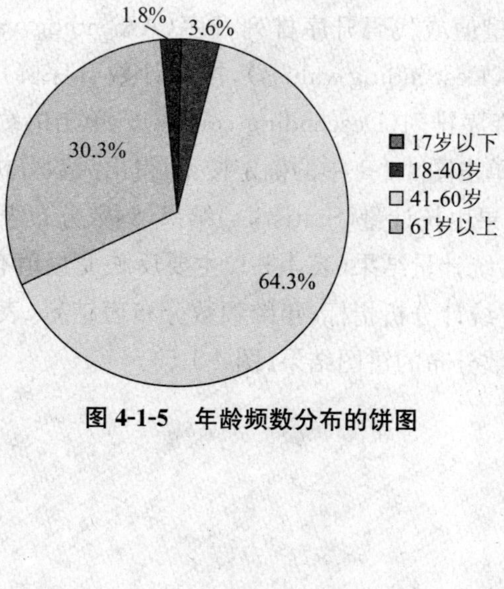


图 4-1-5 年龄频数分布的饼图

6. 如果年龄变量是未分组的原始数量变量，则第 2 步则可以选择更多反映集中趋势和离中趋势的指标，第 3 步的图表则应该选择直方图，其他不变则输出结果表 4-1-3、4-1-4 和图 4-1-6。此时统计量的特征非常重要，可以基本将变量的分布描述清楚，而频数分布表由于变量值种类众多，表格可能非常长，无法根据它来进行全面快速分析，所以此时一般不用统计表。如果不想输出此结果，只需要将图 4-1-1 频数分析界面中的显示频率输出表格选项进行不选即可。

**表 4-1-3　年龄分布统计量**

| | | |
|---|---|---|
| N | 有效 | 20 |
| | 缺失 | 0 |
| 均值 | | 17.70 |
| 中值 | | 18.00 |
| 众数 | | 19 |
| 标准差 | | 2.029 |
| 方差 | | 4.116 |
| 全距 | | 8 |
| 极小值 | | 13 |
| 极大值 | | 21 |
| 百分位数 | 25 | 17.00 |
| | 50 | 18.00 |
| | 75 | 19.00 |

**表 4-1-4　年龄分布表**

| | | 频率 | 百分比 | 有效百分比 | 累积百分比 |
|---|---|---|---|---|---|
| 有效 | 13 | 1 | 5.0 | 5.0 | 5.0 |
| | 14 | 1 | 5.0 | 5.0 | 10.0 |
| | 15 | 1 | 5.0 | 5.0 | 15.0 |
| | 16 | 1 | 5.0 | 5.0 | 20.0 |
| | 17 | 4 | 20.0 | 20.0 | 40.0 |
| | 18 | 4 | 20.0 | 20.0 | 60.0 |
| | 19 | 5 | 25.0 | 25.0 | 85.0 |
| | 20 | 2 | 10.0 | 10.0 | 95.0 |
| | 21 | 1 | 5.0 | 5.0 | 100.0 |
| | 合计 | 20 | 100.0 | 100.0 | |

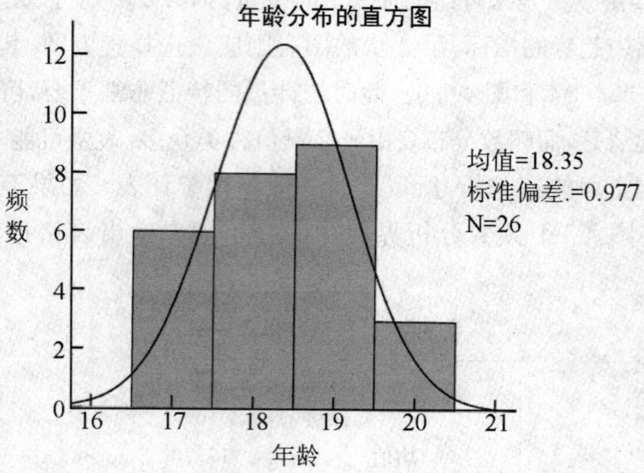


**图 4-1-6 年龄频数分布的直方图**

### 4.1.4 频数分析的 Excel 实现

在 Excel 中实现频数分布结果的方式有很多，如 Frequency 函数、数据透视表(图)、筛选、分类汇总、直方图等方式，每种方式都有自身的应用特点。注意：Frequency 函数和直方图方式只适用于数字代码的品质变量和数值型的数量变量，文本形式的品质变量不能实现，而数据透视表(图)、筛选、分类汇总则两种变量都适合。下面以某班同学的学习成绩和性别数据为例进行介绍，其中性别是品质变量(1 代表男、2 代表女)、成绩是数量变量。

1. 品质变量的频数分布实现方式之一——Frequency 函数实现

第一步，在图 4-1-7 中，依据品质变量值种类数，纵列选择多个空白单元格，输入"＝Frequency(date_array, bins_array) "；

第二步，在 date_array 处输入或选择需要进行频数分布的原始变量值区域，如 c2:c27；

第三步，在 bins_array 处输入或选择品质变量的变量值种类区域，如 j3:j4；

第四步，点击"Ctrl＋Shift＋Enter"，各组变量值对应的频数被统计出来，即与 1 和 2 对应的频数依次为 15 和 11。

第五步，复制得到的结果，并选择值粘贴方式，然后根据编码对照表，将变量值代码和实际的变量值进行转换，同时添加变量名称、频率(比重)、统计表的标题等元素，并对统计表进行格式规范，如表 4-1-5 性别分布表。

注意：函数中的英文不分大小写，即大小写效果一样；原始样本数据多的时候最好选择输入区域的形式更简便。如果性别不是以 1 和 2 表示，而是以男和女表示时，则此方式不适用。

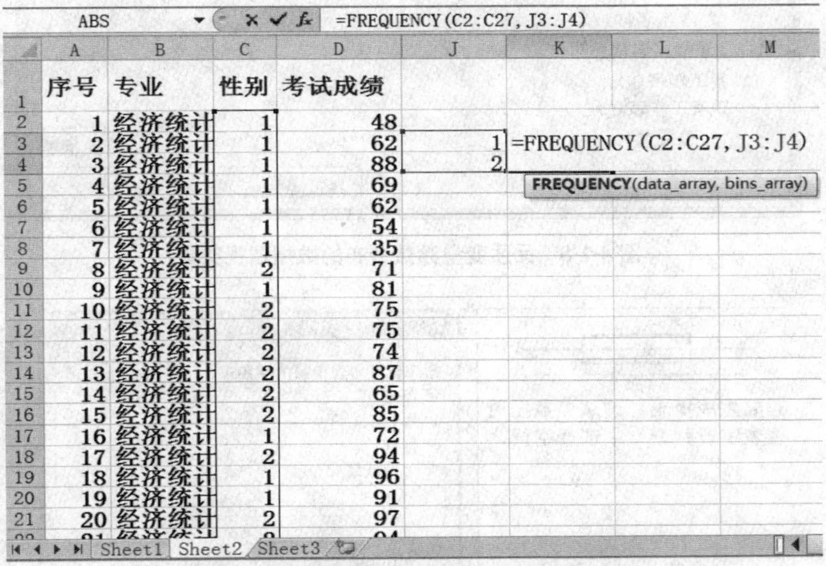


**图 4-1-7　品质变量频数分布的函数实现**

**表 4-1-5　性别分布表**

| 性别 | 人数(人) | 比重(%) |
|---|---|---|
| 男 | 15 | 57.69 |
| 女 | 11 | 42.31 |
| 合计 | 26 | 100.00 |

2. 品质变量的频数分布实现方式之二——数据透视表(图)实现

第一步，选定原始数据区域，点击插入中的数据透视表(图)出现图 4-1-8，点击确定出现图 4-1-9；

第二步，在图 4-1-9 中，将性别变量按住鼠标左键拉至行标签处，将序号变量(每条记录或每个个体都不同的变量，一般以序号或者问卷编号作为每个个体的唯一标识)按住鼠标左键拉至数值签处，则出现图 4-1-10 的结果，可以发现在总计 26 条记录中，有 15 条记录表现为 1，11 个记录表现为 2。

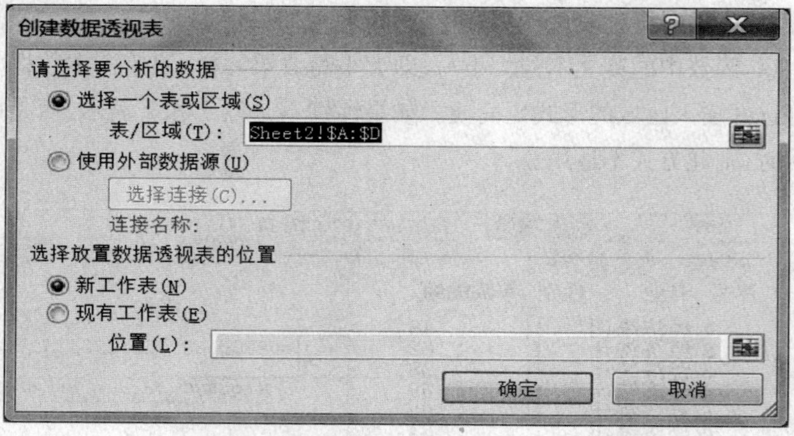


图 4-1-8　品质变量频数分布的数据透视实现

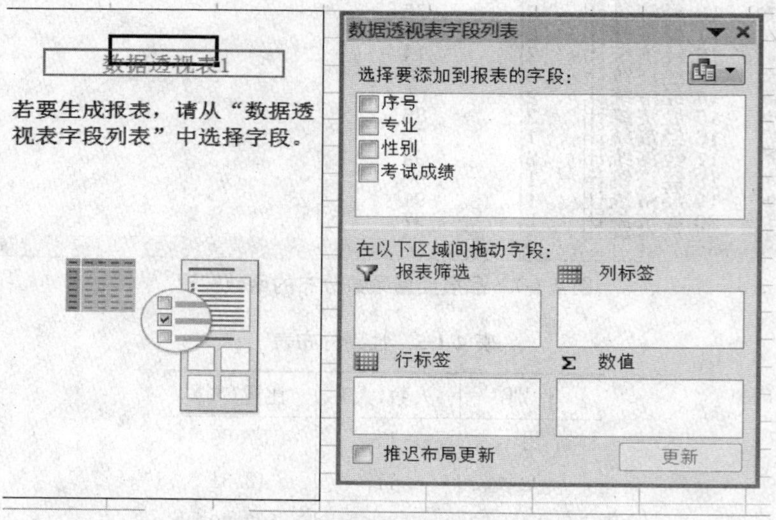


图 4-1-9　品质变量频数分布的数据透视实现

然后重复第 1 种品质变量的频数分布 Frequency 函数实现中的第五步编辑分布表即可。

3. 品质变量的频数分布实现方式之三——数据筛选实现

第一步，选定变量行，选择数据中的筛选工具，原始变量变成筛选模式。

第二步，在图 4-1-11 中，点击性别后的下行黑色三角，出现默认数据筛选模式为全选，取消全选，然后选择 1，在界面下方的就绪后面即可出现统计结果“在 26 条记录中找到 15 条”，同样选择 2 则出现“在 26 条记录中找到 11 条”。

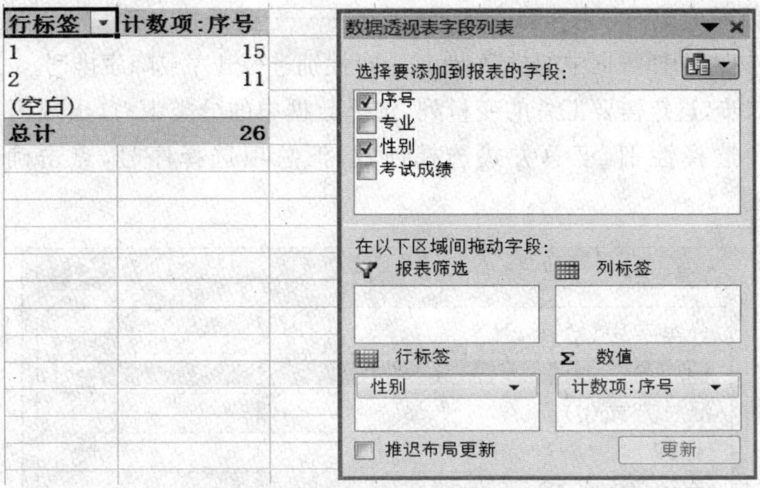


图 4-1-10 品质变量频数分布的数据透视实现

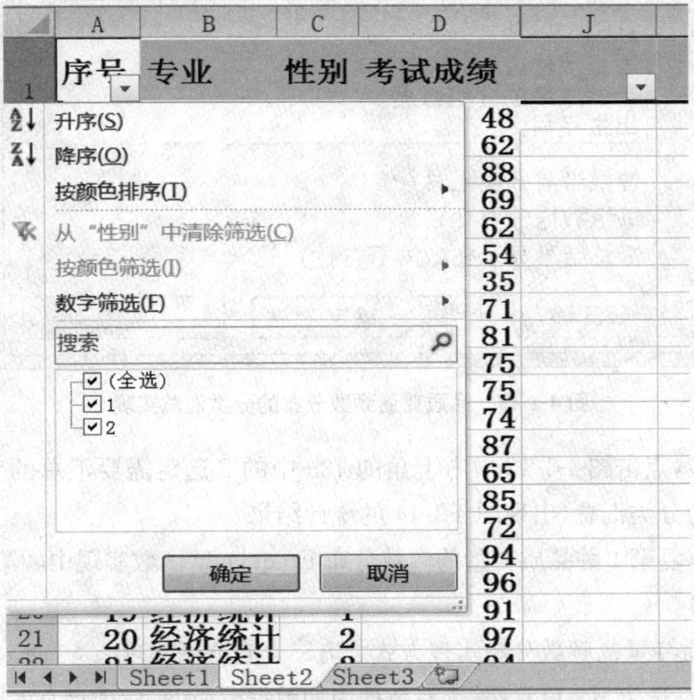


图 4-1-11 品质变量频数分布的数据筛选实现

然后重复第 1 种品质变量的频数分布 Frequency 函数实现中的第五步编辑分布表即可。

4. 品质变量的频数分布实现方式之四——分类汇总实现

第一步，选择数据中的排序，然后选择性别进行升序或降序排列。

第二步，选定需要汇总的变量列，选择数据中的分类汇总，出现图 4-1-12，分类字段选择性别，汇总方式选择计数，汇总项选择序号，点击确定出现图4-1-13。

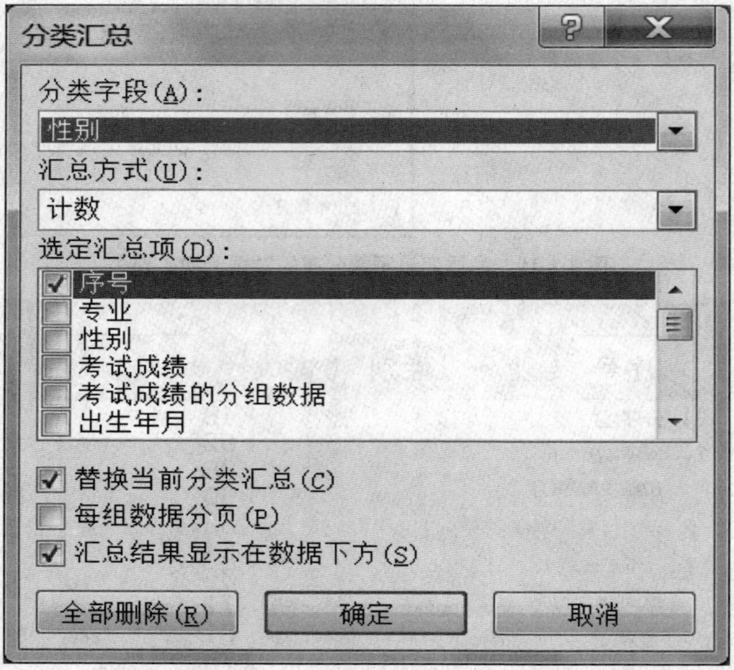


**图 4-1-12　品质变量频数分布的分类汇总实现**

第三步，点击图 4-1-13 中右上角的 123 中的 2 选定需要汇总的变量列，选择数据中的分类汇总，出现图 4-1-14 的统计结果。

然后重复第 1 种品质变量的频数分布 Frequency 函数实现中的第五步编辑分布表即可。

5. 品质变量的频数分布实现方式之五——直方图实现

第一步，选定 K3 单元格，选择数据中的数据分析，然后选择直方图，出现图 4-1-15。

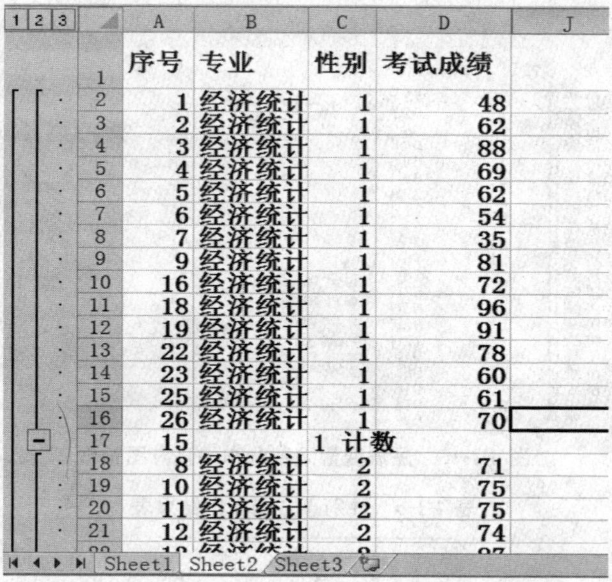

| | A | B | C | D | J |
|---|---|---|---|---|---|
| 1 | 序号 | 专业 | 性别 | 考试成绩 | |
| 2 | 1 | 经济统计 | 1 | 48 | |
| 3 | 2 | 经济统计 | 1 | 62 | |
| 4 | 3 | 经济统计 | 1 | 88 | |
| 5 | 4 | 经济统计 | 1 | 69 | |
| 6 | 5 | 经济统计 | 1 | 62 | |
| 7 | 6 | 经济统计 | 1 | 54 | |
| 8 | 7 | 经济统计 | 1 | 35 | |
| 9 | 9 | 经济统计 | 1 | 81 | |
| 10 | 16 | 经济统计 | 1 | 72 | |
| 11 | 18 | 经济统计 | 1 | 96 | |
| 12 | 19 | 经济统计 | 1 | 91 | |
| 13 | 22 | 经济统计 | 1 | 78 | |
| 14 | 23 | 经济统计 | 1 | 60 | |
| 15 | 25 | 经济统计 | 1 | 61 | |
| 16 | 26 | 经济统计 | 1 | 70 | |
| 17 | 15 | | 1 计数 | | |
| 18 | 8 | 经济统计 | 2 | 71 | |
| 19 | 10 | 经济统计 | 2 | 75 | |
| 20 | 11 | 经济统计 | 2 | 75 | |
| 21 | 12 | 经济统计 | 2 | 74 | |

Sheet1　Sheet2　Sheet3

图 4-1-13　品质变量频数分布的分类汇总实现

| | A | B | C | D | J |
|---|---|---|---|---|---|
| 1 | 序号 | 专业 | 性别 | 考试成绩 | |
| 17 | 15 | | 1 计数 | | |
| 29 | 11 | | 2 计数 | | |
| 30 | | | | | |
| 31 | | | | | |
| 32 | 26 | | 总计数 | | |
| 33 | | | | | |
| 34 | | | | | |
| 35 | | | | | |

图 4-1-14　品质变量频数分布的分类汇总实现

第二步，在图 4-1-15 选定需要汇总的变量值区域到输入区域，选择变量的变量值种类区域到接收区域，也可以输入区域 c2:c27 和 j3:j4 到输入和接收区域。

第三步，选择或输入 K3 到输出区域中，或直接默认输出在新工作表组中，同时点击图表输出，就会出现表 4-1-6 和图 4-1-16。

然后重复第 1 种品质变量的频数分布 Frequency 函数实现中的第五步编辑分布表即可。

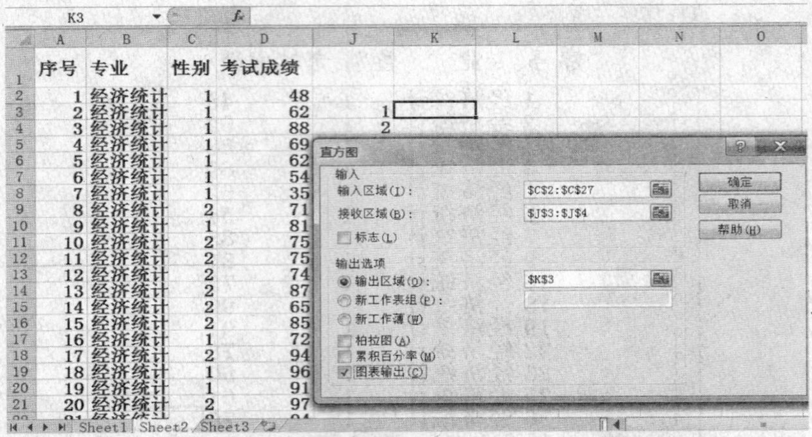

图 4-1-15　品质变量频数分布的直方图实现

表 4-1-6　性别直方图输出结果表

| 接收 | 频率 |
|---|---|
| 1 | 15 |
| 2 | 11 |
| 其他 | 0 |

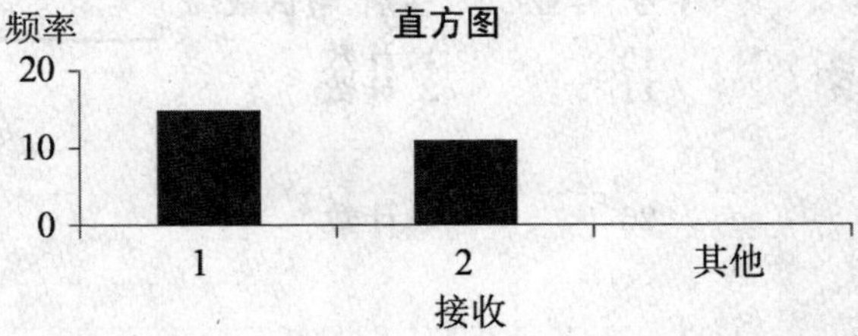


图 4-1-16　品质变量的直方图输出结果图

6. 数量变量的频数分布实现方式之一——Frequency 函数实现

第一步，在图 4-1-17 中，选择一定的空白区域，纵列输入数量变量的几个分组上限，然后根据上限的数目选择多个空白单元格，输入"＝Frequency(date_array, bins_array)"；

第二步，在 date_array 处输入或选择需要进行频数分布的原始变量值区域，如 d2：d27；

第三步，在 bins_array 处输入或选择品质变量的变量值种类区域，如j3：j7；

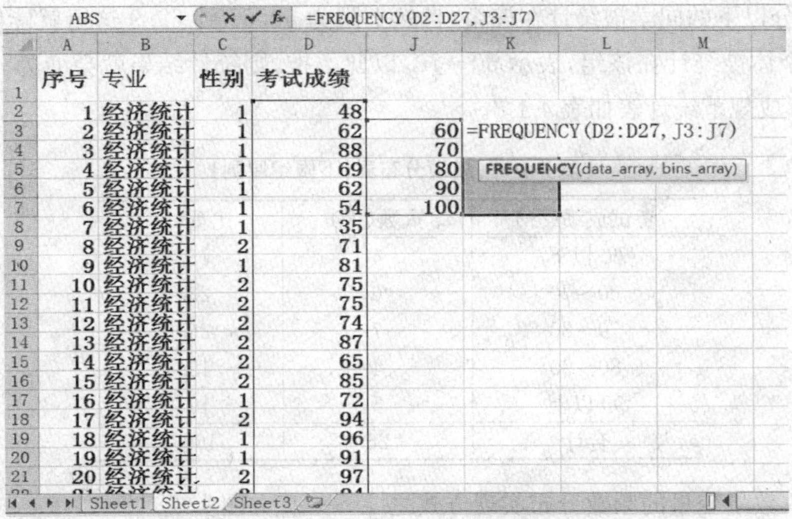

图 4-1-17 数量变量频数分布的频数函数实现

第四步，点击“Ctrl＋Shift＋Enter”，各组变量值对应的频数被统计出来，即 60 及以下，60～70，70～80，80～90，90～100 对应的频数就被统计出来了，依次为 5，6，6，4，5。

第五步，复制得到的结果，并选择值粘贴方式，然后根据上限写出实际的组别表示，同时添加变量名称、频率（比重）、统计表的标题等元素，并对统计表进行格式规范，如表 4-1-7 成绩分布表。

表 4-1-7 成绩分布表（上限组原则）

| 考试成绩（分） | 人数（人） | 比重（%） |
|---|---|---|
| 60 及以下 | 5 | 19.2 |
| 60～70 | 6 | 23.1 |
| 70～80 | 6 | 23.1 |
| 80～90 | 4 | 15.4 |
| 90 以上 | 5 | 19.2 |
| 合计 | 26 | 100.0 |

注意，Excel 的频数函数采用的是上限在内原则统计，所以 60 分的个体会被统计在 60 分及以下组中，如果要遵循“下限组原则”，则需要根据原始数据的数位改变上限，比如数据是整数的话，上限可以设置为 59.5 到 59.9 都可以保

证60分以下的同学被统计在该组，自然上限为69.55到69.9这组就能够保证60的个体被统计在该组，表示60～70，以此类推，则统计结果就会变为4,6,7,4,5，形成规范统计表如表4-1-8。

**表4-1-8　成绩分布表(下限组原则)**

| 考试成绩(分) | 人数(人) | 比重(%) |
|---|---|---|
| 60以下 | 4 | 15.4 |
| 60～70 | 6 | 23.1 |
| 70～80 | 7 | 26.9 |
| 80～90 | 4 | 15.4 |
| 90以上 | 5 | 19.2 |
| 合计 | 26 | 100.0 |

7. 数量变量的频数分布实现方式之二——直方图实现

第一步，在数据文件中，选择数据中的数据分析，然后选择直方图；

第二步，在直方图界面选定需要汇总的变量值区域到输入区域，选择变量的上限区域到输出区域，也可以输入区域d2:d27和j3:j7到输入和输出区域；

第三步，选择或输入一个空白区域的单元格到输出区域中，同时点击图表输出，确定后就会出现表4-1-9和图4-1-18。

**表4-1-9　成绩直方图输出结果表**

| 接收 | 频率 |
|---|---|
| 59.5 | 4 |
| 69.5 | 6 |
| 79.5 | 7 |
| 89.5 | 4 |
| 100 | 5 |
| 其他 | 0 |

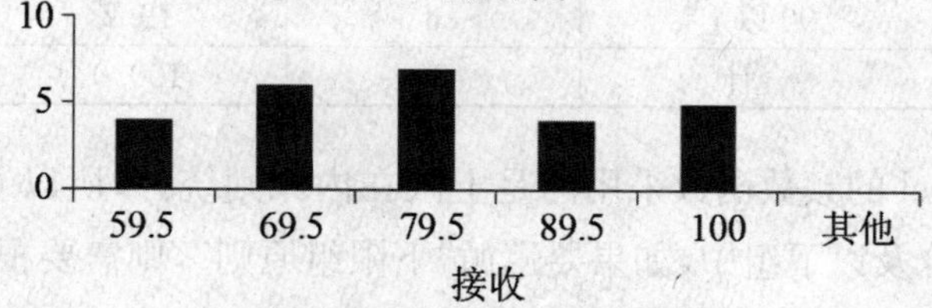


**图4-1-18　数量变量直方图输出结果图**

然后重复第6种数量变量的频数分布Frequency函数实现中的第五步编辑分布表即可得到表4-1-8。注意一般数量变量的直方图是需要连续的,所以很多时候需要对输出的图进行必要的编辑,在Excel中选择图4-1-18中的蓝色直方图,点击右键选择设置数据系列格式出现图4-1-19,将分类间距调整为0,即可得到图4-1-20,第一个直方表示60分(59.9)以下,第二个直方表示60～70分(即59.9～69.9),以此类推。注意Excel输出的图表格式需要进一步规范,且输出的频率其实是频数。且输出的频率其实是频数。

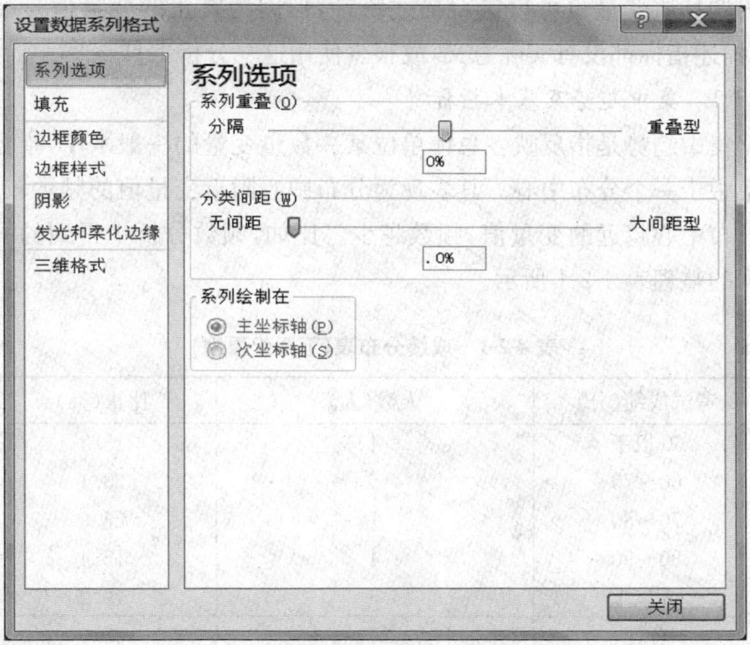


图4-1-19 数量变量直方图修改操作界面

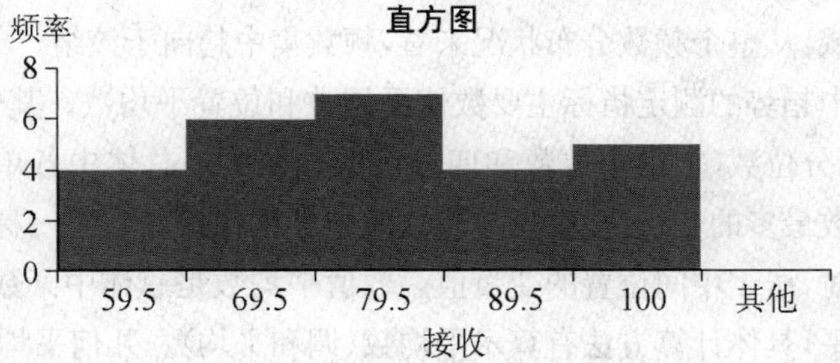


图4-1-20 数量变量直方图的修改图

# §4.2 描述分析

## 4.2.1 描述分析的意义及常用指标

描述分析主要是对变量的分布特征进行分析，诸如其集中趋势、离中趋势、分布形状等情况。一般常用于定距和定比尺度度量的数量变量进行分析，采用数字代码的品质变量也可以进行描述统计，但因为真正的变量值是字符型数据，众多描述指标都没有实际意义，故很少使用这一分析工具。

### 4.2.1.1 集中趋势及基本指标

数据集中趋势是指反映各总体单位某一数量变量的一般水平，指数据的分布趋向集中于一个分布中心。其表现为分布中心附近变量值的频数较多，而距离频数分布中心越远的变量值，频数越少。比如，频数分析中得到的同学考试成绩数据的整理表 4-2-1 所示。

**表 4-2-1 成绩分布表(下限组原则)**

| 考试成绩(分) | 人数(人) | 比重(%) |
|---|---|---|
| 60 以下 | 4 | 15.4 |
| 60～70 | 6 | 23.1 |
| 70～80 | 7 | 26.9 |
| 80～90 | 4 | 15.4 |
| 90 以上 | 5 | 19.2 |
| 合计 | 26 | 100.0 |

表 4-2-1 资料显示，同学考试成绩在 70～80 分的最多，即这一组是频数分布的中心区域，从整个频数分布状况来看，频数集中趋向于该组。

数据集中趋势的测定指标主要数值平均数和位置平均数。其中，位置平均数包括众数、分位数(常用中位数和四分位数)，众数是总体中各单位在某一标志上出现次数最多的变量值；中位数是总体中各单位按其在某一标志值上的大小顺序排列时，居于中间位置的变量值。数值平均数是总体中某数量变量变量值的一般水平，具体计算方法有算术平均数、调和平均数，几何平均数。

4.2.1.2 离中趋势及基本指标

数据的离中趋势是指数据分布呈集中趋势的状态下，存在偏离分布中心或一般水平的程度和趋势。例如表 4-2-1 所示资料中，尽管 65.4%的同学考试成绩在 60 分到 90 分之间，但也有少数同学的成绩偏高或偏低，所有同学并不完全相同，而使频数分布呈离中趋势。

在调研和预测过程中，除了需对集中趋势进行描述，来反映事物各单位的一般水平外，也要对离中趋势进行描述，从而反映各单位标志值之间的差异程度，更全面深刻地认识事物的特征。

数据离中趋势的测定通常由极差、标准差、方差等反映。其中，极差是所有标志值中最大值与最小值之差。标准差是各个变量值与算术平均数离差平方的算术平均数的平方根。

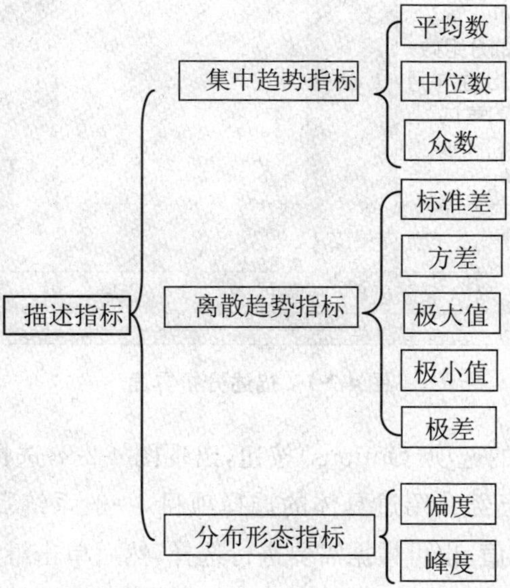


### 4.2.2 描述分析的适用条件

描述分析一般适用于数量变量，通过集中趋势指标、离中趋势指标等反映变量的分布特征。虽然以数字表示的品质变量也可以进行该分析，但统计出来的很多特征统计量是没有实际含义的。比如以 1 和 2 代码表示的性别，也会统计出来平均数，但不能称之为平均性别，除非以 1 和 0 代码表示的性别，计算出来的平均数即是男性所占的比重。

### 4.2.3 描述分析的 Spss 实现

1. 选择主菜单——分析(Analyze),下拉菜单描述性分析(Descriptive Statistics),然后选择描述分析(Descriptives)出现图 4-2-1,选择要进行描述分析的变量(一个或多个)进入右边变量(Variable(s)) 下的文本框内。比如:从左边的文本框中选中考试成绩变量,然后单击中间的弯箭头按钮添加到右边的变量框中。

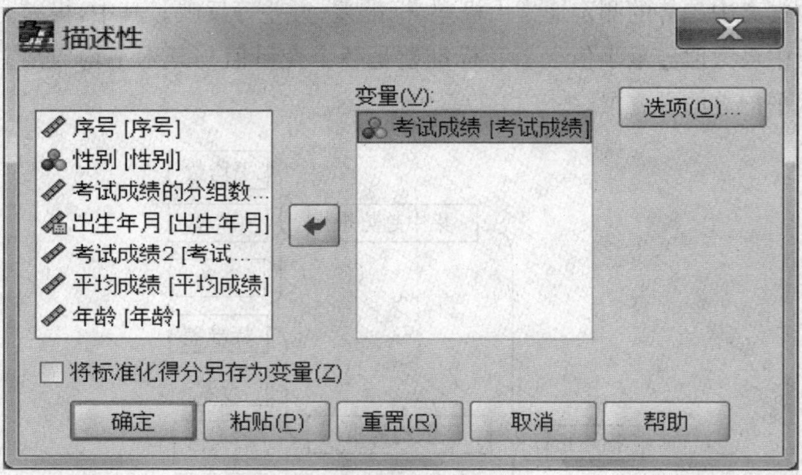


图 4-2-1 描述分析界面

2. 单击右上角的选项(Options)按钮,出现图 4-2-2,选择相应的描述指标,前面在频数分析中已经介绍过具体的选择项目,一般系统默认选择平均数、标准差、极小值和极大值,也可根据需要进行选择,然后单击继续按钮返回到图 4-2-1,单击确定得到描述统计的结果表 4-2-2。

表 4-2-2 描述统计的描述统计量

| | N | 极小值 | 极大值 | 均值 | 标准差 |
|---|---|---|---|---|---|
| 考试成绩 | 26 | 35 | 97 | 72.73 | 16.404 |
| 有效的 N (列表状态) | 26 | | | | |

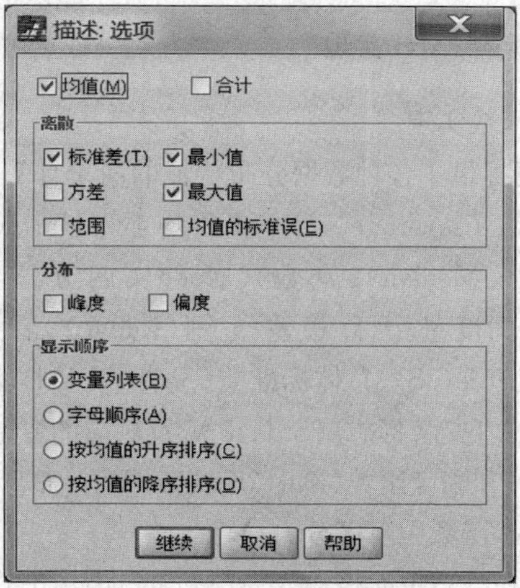


**图 4-2-2 描述分析选项界面**

3. 从表 4-2-2 中的数据可以看出对于调查的 26 个样本资料考试成绩的最高分是 97 分，最低分 35 分，平均分 72.73 分，标准差是 16.404 分。

4. 如果想获得更多的反映数据分布的指标，则需要进行频数分析中的操作，在统计量界面选择需要的各种指标，同时将频数分析设定界面中的输出频数分布表取消，输出表 4-2-3 的结果，综合反映考试成绩的分布特征。

**表 4-2-3 考试成绩的 Spss 频数分析统计量结果**

| | | |
|---|---|---|
| N | 有效 | 26 |
| | 缺失 | 0 |
| 均值 | | 72.73 |
| 中值 | | 73.00 |
| 众数 | | 62a |
| 标准差 | | 16.404 |
| 方差 | | 269.085 |
| 极小值 | | 35 |
| 极大值 | | 97 |
| 百分位数 | 25 | 61.75 |
| | 50 | 73.00 |
| | 75 | 87.25 |

a. 存在多个众数。显示最小值

### 4.2.4 描述分析的 Excel 实现

1. 描述分析的函数实现

在 Excel 中主要提供了各种数据分布特征的简单计算方法，具体选择的函数包括算术平均数（Average）、调和平均数（Harmean）、几何平均数（Geomean）、中位数（Median）、众数（Mode）、四分位数（Quartile（array，quart））等集中趋势的度量指标，极差/范围（Range）、最大值（Max）、最小值（Min）、样本标准差（Stdev. S）、总体标准差（Stdev. P）、样本标准差（交替标志）（StdevA）、总体标准差（交替标志）（StdevPA）及对应的方差 Var 等离中趋势指标，偏度函数（Skew）和峰度函数（Kurt）反映数据的分布形态，作用相当于频数分布中统计量的界面，函数中不区分大小写。

算术平均数：即在空白单元格输入＝Average(d2：d27)＝72.73；

中位数：即在空白单元格输入＝ Median(d2：d27)＝73；

众数：即在空白单元格输入＝ Mode(d2：d27)＝62；

第一个四分位数：即在空白单元格输入＝ Quartile(d2：d27，1)＝62；

第二个四分位数：即在空白单元格输入＝ Quartile(d2：d27，2)＝73；

第三个四分位数：即在空白单元格输入＝ Quartile(d2：d27，3)＝86.5；

最大值：即在空白单元格输入＝ Max(d2：d27)＝97；

最小值：即在空白单元格输入＝ Min(d2：d27)＝35；

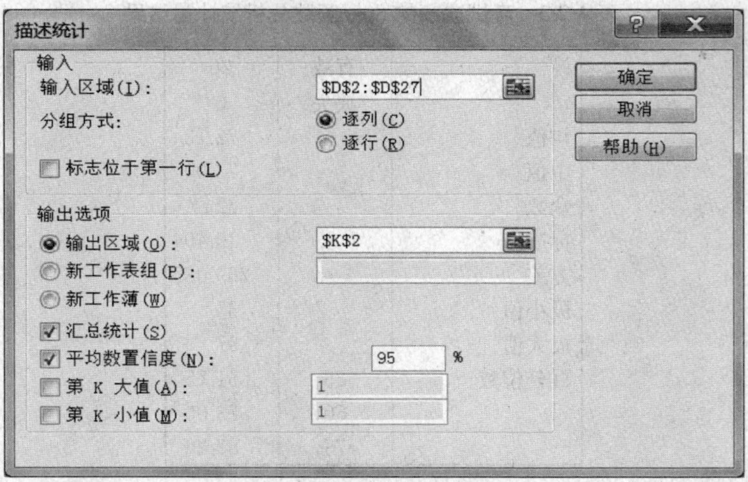


图 4-2-3 Excel 描述分析选择界面

样本标准差：即在空白单元格输入＝ Stdev. S(d2：d27)＝16.404

总体标准差：即在空白单元格输入＝ Stdev. P(d2：d27)＝16.085

如果性别编码为交替变量 X，用 1 代表男，0 代表女，则可以求以下函数：

算术平均数，即男性所占的比重：即在空白单元格输入＝Average(c2：c27)＝0.5769＝57.69%；

样本标准差：即在空白单元格输入＝ StdevA(c2:c27)＝0.504

总体标准差：即在空白单元格输入＝ Stdev. PA(c2:c27)＝0.494

其他的函数则意义不大，不适合用于这样的品质变量。

2. 描述分析的数据分析——描述统计工具实现

选择主界面的数据——数据分析，选择描述统计，出现描述统计选择界面图 4-2-3，选择原始数据区域＄D＄2：＄D＄27 或填写数据区域 d2：d27，选择或输入输出区域为 K2，同时选择点击汇总统计和平均数置信度默认 95%，点击确定即可得到输出结果表 4-2-4，与各种函数统计的结果一致，Excel 中默认是样本的数据，所以计算的是样本标准差和样本方差。

**表 4-2-4　考试成绩的 Excel 描述统计输出结果**

| 列 1 | |
|---|---|
| 平均 | 72.73077 |
| 标准误差 | 3.21705 |
| 中位数 | 73 |
| 众数 | 62 |
| 标准差 | 16.4038 |
| 方差 | 269.0846 |
| 峰度 | －0.35996 |
| 偏度 | －0.37159 |
| 区域 | 62 |
| 最小值 | 35 |
| 最大值 | 97 |
| 求和 | 1891 |
| 观测数 | 26 |
| 置信度(95.0%) | 6.625638 |

### 4.2.5　描述分析的 Spss 实现与 Excel 实现差异

二者在计算处理四分位数的时候，存在一定的差异，主要是由于确定四分数位置的时候存在着确定原则差异，当样本数很大的时候，差异就很小，只有样本量小的时候，差异才大。如 Spss 中认为第一个四分位数处于(n+1)/4，第三个四分位数处于 3(n+1)/4。而 Excel 中认为第一个四分位数处于(n+3)/4，第三个四分位数处于(3n+1)/4。本章例子为了可视化只取了其中的 26 个样本单位的数据，在数学中称为小样本，所以差异还是比较大。如果四分位数的位置是整数，四分位数就是排序后该位置对应的变量值，如果位置是在某整数加 0.5 的位置，则取该位置左右相近的两个变量值进行 0.5 为权数的平均数，如果在某整数加 0.25 或 0.75 的位置，则取该位置左右相近的两个变量值进行为权数 0.25 和 0.75 的加权平均数，距离近的数赋予 0.75 的权数，距离远的数赋予 0.25 的权数。

## §4.3 交叉分析

### 4.3.1 交叉分析及意义

前面介绍的分析技术主要是针对单个变量分布情况的分析，如果要分析两个及两个以上变量的分布情况，就要需选用交叉分析，又称交叉列联表(Crosstabs)分析，是通过编制交叉列联表，同时将两个或两个以上有联系的变量及其变量值交叉排列在一张统计表中，展现多变量的联合分布情况及变量之间相互影响关系的一种统计分析方法。在进行交叉分析之前，第一个任务就是要编制交叉列联表，其关键又在于选择和确定交叉变量，变量的选取一般根据调查项目的特点来确定。

交叉分析一般适用于研究两个及两个以上品质变量或离散型且变量值种类少的数量变量，主要通过卡方检验和相关检验，判定变量间是否相互独立。而两个及两个以上数量变量则可以通过相关分析判断变量线性相关程度，然后进行回归等分析。

### 4.3.2 交叉列联表的种类

按照交叉变量的多少可以分为两变量交叉列联表和三变量交叉列联表。两变量交叉列联表是对两个变量进行的交叉分析，如分析不同性别的同学学习效果是否有显著差异,可以选择性别和考试成绩的分组数据两个变量进行交叉分析,见表 4-3-1。从表中数据可以看出性别与考试成绩明显不独立,二者存在显著的影响,整体上女性的成绩总体上要远远好于男性。

**表 4-3-1　性别 * 考试成绩的分组数据交叉制表**

性别中的%

| | | 考试成绩的分组数据 | | | | | 合计 |
|---|---|---|---|---|---|---|---|
| | | 60 以下 | 60～70 | 70～80 | 80～90 | 90 以上 | |
| 性别 | 男 | 20.0% | 33.3% | 20.0% | 13.3% | 13.3% | 100.0% |
| | 女 | 9.1% | 9.1% | 36.4% | 18.2% | 27.3% | 100.0% |
| 合计 | | 15.4% | 23.1% | 26.9% | 15.4% | 19.2% | 100.0% |

三变量交叉列联表主要是对三个变量进行交叉分析。如表 4-3-2 性别对统计术语“全面调查”了解程度和年龄三变量的关系进行分析。从表中数据可以

**表 4-3-2　性别对统计术语“全面调查”了解程度和年龄的三变量交叉列联表**

性别 * 对统计术语"全面调查"的了解程度 * 年龄 Crosstabulation

| | | | | 对统计术语"全面调查"的了解程度 | | | | |
|---|---|---|---|---|---|---|---|---|
| | | | | 非常熟悉 | 基本了解 | 听说过,但不了解 | 没有听说过 | Total |
| 年龄 18-40岁 | 性别 | 男 | % within 性别 | | 33.3% | 66.7% | | 100.0% |
| | | | % within 对统计术语"全面调查"的了解程度 | | 33.3% | 33.3% | | 30.0% |
| | | | % of Total | | 10.0% | 20.0% | | 30.0% |
| | | 女 | % within 性别 | | 28.6% | 57.1% | 14.3% | 100.0% |
| | | | % within 对统计术语"全面调查"的了解程度 | | 66.7% | 66.7% | 100.0% | 70.0% |
| | | | % of Total | | 20.0% | 40.0% | 10.0% | 70.0% |
| | Total | | % within 性别 | | 30.0% | 60.0% | 10.0% | 100.0% |
| | | | % within 对统计术语"全面调查"的了解程度 | | 100.0% | 100.0% | 100.0% | 100.0% |
| | | | % of Total | | 30.0% | 60.0% | 10.0% | 100.0% |
| 41-60岁 | 性别 | 男 | % within 性别 | 11.1% | 22.2% | 66.7% | | 100.0% |
| | | | % within 对统计术语"全面调查"的了解程度 | 100.0% | 100.0% | 85.7% | | 90.0% |
| | | | % of Total | 10.0% | 20.0% | 60.0% | | 90.0% |
| | | 女 | % within 性别 | | | 100.0% | | 100.0% |
| | | | % within 对统计术语"全面调查"的了解程度 | | | 14.3% | | 10.0% |
| | | | % of Total | | | 10.0% | | 10.0% |
| | Total | | % within 性别 | 10.0% | 20.0% | 70.0% | | 100.0% |
| | | | % within 对统计术语"全面调查"的了解程度 | 100.0% | 100.0% | 100.0% | | 100.0% |
| | | | % of Total | 10.0% | 20.0% | 70.0% | | 100.0% |

看出性别和年龄分别与对统计术语“全面调查”了解程度有着显著的影响关系，整体上男性对统计术语“全面调查”了解程度要远远好于女性，同时年龄段越高的人对统计术语“全面调查”了解程度越好。

### 4.3.3 交叉分析的 Spss 实现

1. 选择主菜单——分析(Analyze)，下拉菜单描述性分析(Descriptive Statistics)，然后选择交叉分析(Crosstabs)出现图 4-3-1，选择要进行交叉分析的变量进入右边行(s)(Row(s))：和列(s)Column(s)：的文本框中，如果是进行三维列联分析，则将第三个变量的选择进入最下面的文本框中。比如：依次选择性别考试成绩的分组数据进入右边的文本框中。

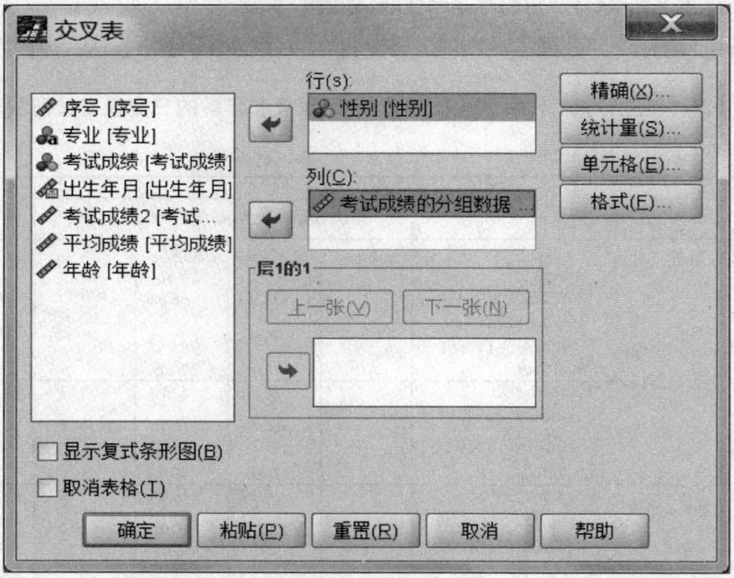


图 4-3-1 交叉分析界面

2. 选择界面底部显示复式条形图(Display clustered bar charts)，表明要求输出交叉统计的分布条形图结果。取消表格(Suppress tables)表示不输出列联表结果，一般不选择此项。

3. 单击精确检验(Exact tests)出现图 4-3-2，选择精确性检验的方法，一般默认为仅渐近法检验(Asymptotic only)，另外 Monte Carlo 表明蒙特卡罗检验，Exact 表明精确性检验。

4. 单击统计量(s)(Statistics…)按钮出现图 4-3-3，选择检验变量是否相互独立的检验方法，包括卡方检验(Chi-square)和相关系数检验(Crorrelations)，一般系统默认为不检验，即不选择任何项目。

选择卡方检验，通常情况下用于定类尺度的数据，显示皮尔逊卡方检验(Person chi-square test)、似然比卡方检验(Likelihood chi-square test)和线性相关卡方检验(Linear-by- Linear Assaciation chi-square test )的结果，常通过皮尔逊卡方检验的结果判断变量是否独立，如果得到的 P 值小于给定的显著性水平(一般为 5%)，则认为两个变量不独立，说明二者存在显著的影响关系。

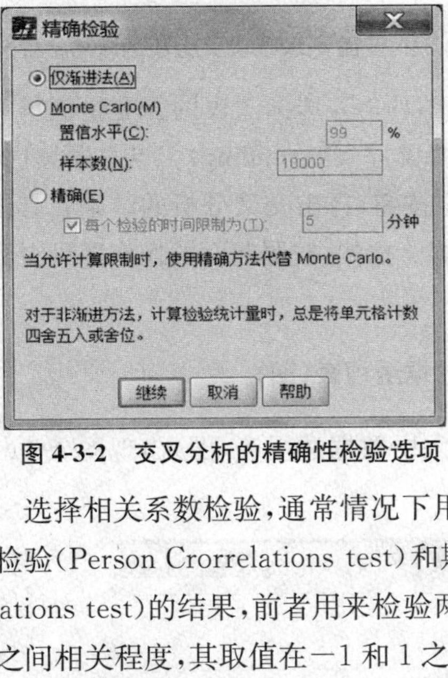


图 4-3-2 交叉分析的精确性检验选项

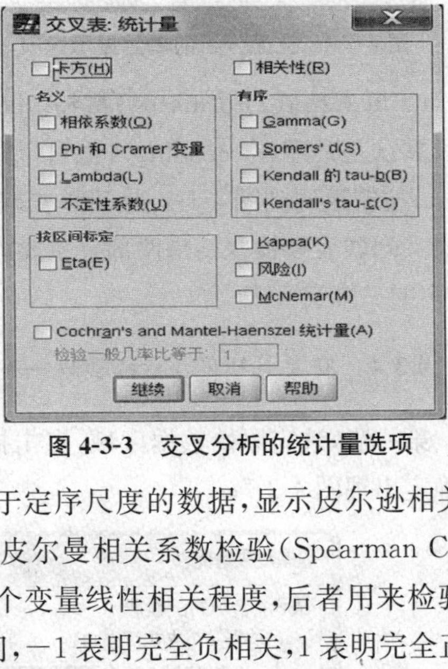


图 4-3-3 交叉分析的统计量选项

选择相关系数检验，通常情况下用于定序尺度的数据，显示皮尔逊相关系数检验(Person Crorrelations test)和斯皮尔曼相关系数检验(Spearman Crorrelations test)的结果，前者用来检验两个变量线性相关程度，后者用来检验秩序之间相关程度，其取值在－1 和 1 之间，－1 表明完全负相关，1 表明完全正相关，0 表明不相关，其绝对值越靠近 1 说明相关程度越高，其绝对值越靠近 0 说明相关程度越低。

5. 单击单元格(Cells…)按钮，出现图 4-3-4，选择交叉列联表中出现的指标项目，一般选择计数(Counts)下的观察值(Observed)或者百分比(Percentages)下的行、列及总计项，对于残差(Residuals)下的项目一般不进行选择。通常为了进行行变量的列分布时，选择行，相反选择列，也可以选择总计。

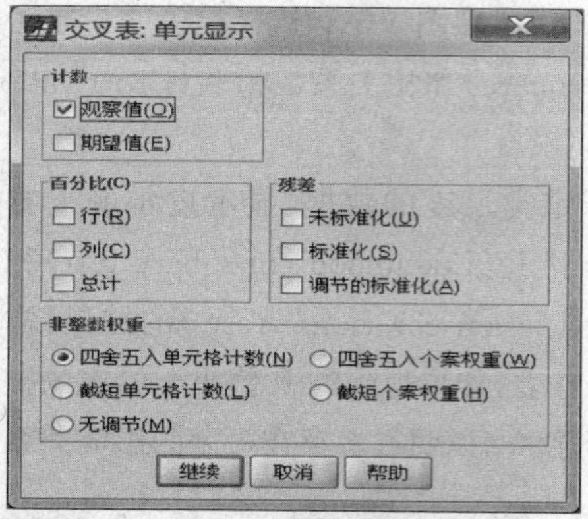


图 4-3-4　交叉分析的单元显示选项

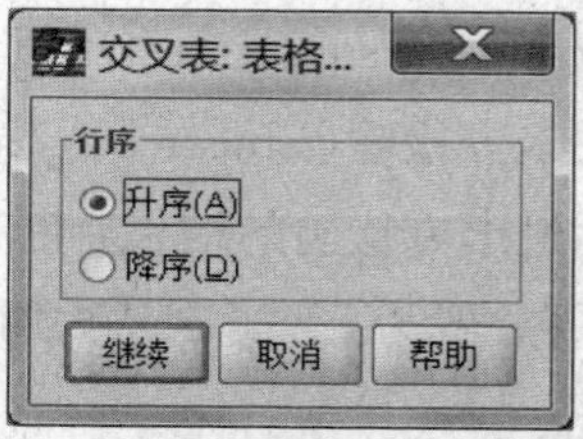


图 4-3-5　交叉分析的表格格式选项

6. 单击格式(Format…)按钮,出现图 4-3-5,选择图表的行变量值排列顺序。默认是升序(Ascending),也可以选择降序(Descending)。点击继续(Continue)按钮返回到图 4-3-1,最后单击确定按钮,得出交叉分析的结果。具体包括交叉列联表和检验结果两部分主要内容。比如,按照前面的操作即可得到表 4-3-1 的二维交叉表。

### 4.3.4　交叉分析的 Excel 实现——数据透视表(图)

第一步,选定原始数据区域,点击插入中数据透视表(图)出现图 4-3-6,点击确定出现图 4-3-7;

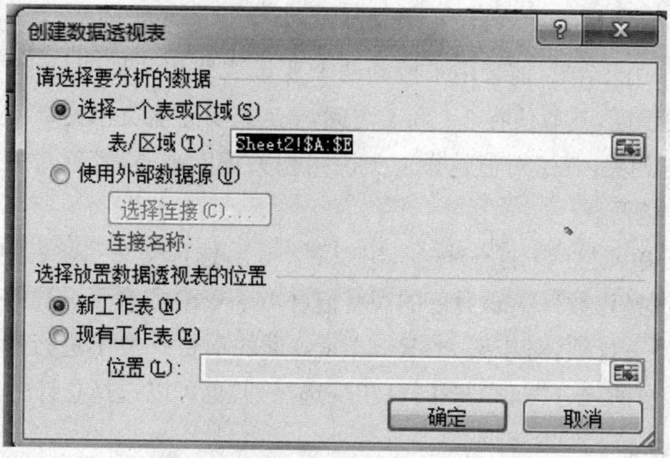


图 4-3-6　数据透视表(图)实现界面

第二步，在图 4-3-7，将性别变量按住鼠标左键拉至行标签处，将考试成绩的分组数据按住鼠标左键拉至列标签处，将序号（每条记录或每个个体都不同的变量，一般以序号或者问卷编号作为每个个体的唯一标识）按住鼠标左键拉至数值签处，则出现图 4-3-8 的结果。

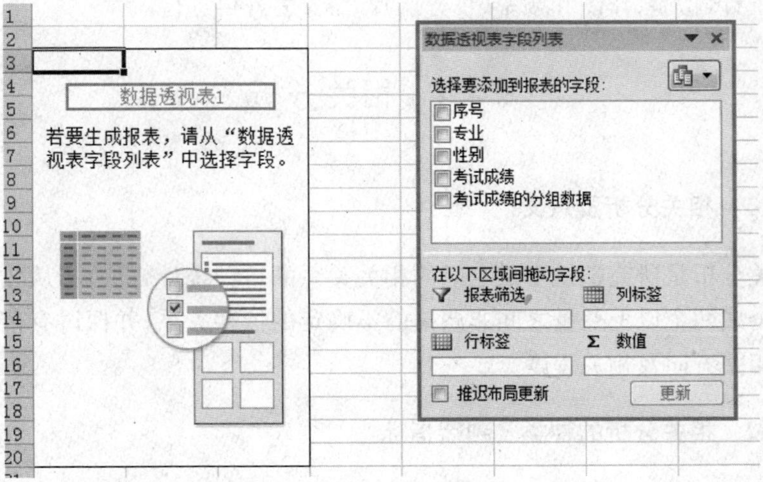


**图 4-3-7　数据透视表（图）实现界面**

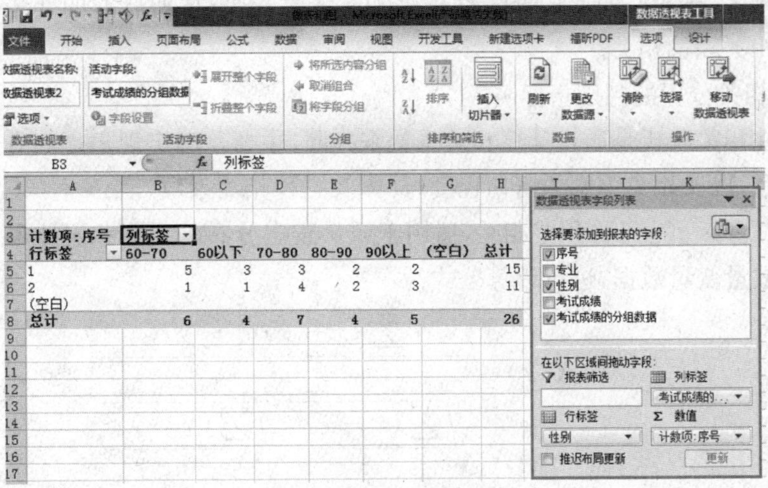


**图 4-3-8　两个变量交叉表数据透视表（图）的实现**

#### 4.3.5 交叉分析的 Spss 实现与 Excel 实现差异

Spss 实现与 Excel 实现的交叉分析的基础统计都是对总体单位(个体)进行计数,前者能够同时提供检验、作图和频率(百分比)的显示,后者则只能够进行计数统计,检验、作图和频率(百分比)都需要另外再进行。

## §4.4 相关分析

#### 4.4.1 相关分析及意义

相关分析是研究随机变量之间的相关关系的一种统计方法,指从数量方面研究两个或两个以上变量之间非严格的不确定的依存关系,并探讨有依存关系现象的相关方向及相关程度。

#### 4.4.2 相关分析的种类及判断指标

1. 相关分析的种类

按相关的程度分为完全相关、不完全相关和不相关;按相关的方向分正相关和负相关;按相关的形式分线性相关和非线性相关;按所研究的变量多少分为简单相关和偏相关。

2. 相关分析的判别指标

线性相关分析是通过计算相关系数来判断,主要是确定现象之间有无线性相关关系,以及相关关系的密切程度,具体有三种相关系数。第一种,皮尔逊相关系数(Pearson),又称积差相关,适用于服从正态分布的定距和定比尺度度量的成对数量变量数据,进行计算公式为:

$$r=\frac{Cov(X,Y)}{\sigma_X\sigma_Y}=\frac{\dfrac{\sum(x-\bar{x})(y-\bar{y})}{n}}{\sqrt{\dfrac{\sum(x-\bar{x})^2}{n}}\sqrt{\dfrac{\sum(y-\bar{y})^2}{n}}}$$

$$=\frac{n\sum XY-\sum X\sum Y}{\sqrt{\{n\sum x^2-(\sum x)^2\}\{n\sum y^2-(\sum y)^2\}}}$$

第二种和第三种是肯德尔秩相关系数(Kendall's tau-b)和斯皮尔曼相关系数(Spearman),又称等级相关,适用于定序变量、不满足正态分布假设的数量变量(定距和定比)数据或者转化为等级数据的数量变量数据。其中,肯德尔秩相关系数此处不做赘述,斯皮尔曼相关系数按照以下公式计算:

$$r_p = 1 - \frac{6\sum_{i=1}^{n} d_i}{n(n^2-1)}$$

其中,$d_i$ 为第 $i$ 对数据的等级差。

3. 相关分析的判别

相关系数的取值一般在－1 到 1 之间;大于 0 代表正相关,小于 0 代表负相关;其绝对值接近 1,说明变量间线性相关程度越高,相反越接近 0,说明变量间线性相关程度越低;其绝对值越等于 1,说明完全线性相关;绝对值等于 0,说明不存在线性相关关系;根据一般经验判断,其绝对值在 0.8 与 1 之间,说明变量高度线性相关,其绝对值在 0.5 与 0.8 之间,说明变量中度线性相关,其绝对值在 0.3 与 0.5 之间,说明变量低度线性相关,其绝对值在 0 与 0.3 之间,说明变量存在弱度线性相关关系。

### 4.4.3 相关分析的 Spss 实现(双变量相关)

1. 选择主菜单——分析(Analyze),下拉菜单相关分析(Correlate),然后选择双变量相关(Bivariate)出现图 4-4-1,选择要进行相关分析的变量进入右边变量(Variables:)下的文本框内。比如选择变量性别和考试成绩进入右边的文本框中。

2. 选择相关系数(Correlation Coefficients)的种类,皮尔逊相关系数(Pearson),一般测定数量变量,也是系统默认的种类;肯德尔秩相关系数(Kendall's tau-b),比如:由于变量性别和考试成绩,由于前者属于离散型品质变量,后者属于连续型变量,所以选择后面两种相关系数。

3. 选择显著性检验(Test of Significance)下的类型,双尾检验(Two-tailed),一般情况下系统默认该选项,主要适用于不清楚变量相关方向时;此外,单尾检验(One-tailed),是在已经知道相关方向的时候选择。

4. 选择标记显著性相关(Flag significant correlations),选择则在输出结果中标注,相关系数的右上角标注"＊"则代表显著性水平 5%下显著相关,如果相

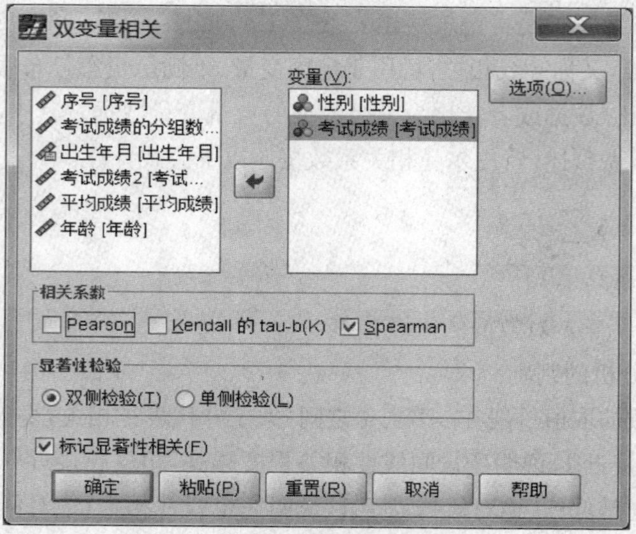


图 4-4-1　单相关分析界面

关系数的右上角标注"＊＊"则代表显著性水平为 1%下显著相关。

5. 单击选项(Options…)按钮，则出现图 4-4-2。其中，统计量(Statistics)下的选项，均值和标准差(Mean and standard deviations)表明每对变量输出均值、标准差和无默认值的观测数；叉积偏差与协方差(Cross product deviations and covariances)，表明输出每对变量的叉积偏差和协方差。缺失值(Missing)下的选项，按对排除个案(Exclude cases pairwise)表明成对的方式排除正在参与运算有缺失值的数据；按列表排除个案(Exclude cases listwise)，表明排除所有参与运算变量中有缺失值的数据。两变量运算时二者相同，多变量运算时不同。

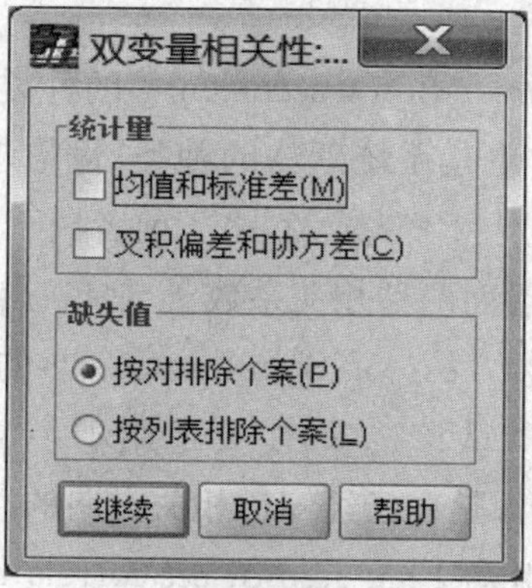


图 4-4-2　双变量相关性的选项

表 4-4-1 性别与考试成绩的相关系数矩阵表

| | | | 性别 | 考试成绩 |
|---|---|---|---|---|
| Kendall 的 tau_b | 性别 | 相关系数 | 1.000 | .273 |
| | | Sig.(双侧) | . | .102 |
| | | N | 26 | 26 |
| | 考试成绩 | 相关系数 | .273 | 1.000 |
| | | Sig.(双侧) | .102 | . |
| | | N | 26 | 26 |
| Spearman 的 rho | 性别 | 相关系数 | 1.000 | .327 |
| | | Sig.(双侧) | . | .103 |
| | | N | 26 | 26 |
| | 考试成绩 | 相关系数 | .327 | 1.000 |
| | | Sig.(双侧) | .103 | . |
| | | N | 26 | 26 |

6. 经过上述的设定后,最后在图 4-4-1 中单击确定(OK)按钮,即可得出输出结果如表 4-4-1,从相关系数矩阵中可以看出,有 0.898 的把握判断性别和考试成绩的相关系数不等于零,按肯德尔和斯皮尔曼两种方法计算的相关系数依次为 0.273 和 0.327。

### 4.4.4 相关分析的 Spss 实现(偏相关)

1. 选择主菜单——分析(Analyze),下拉菜单相关分析(Correlate),然后选择偏相关(Partial)出现图 4-4-3,选择要进行相关分析的变量进入右边变量

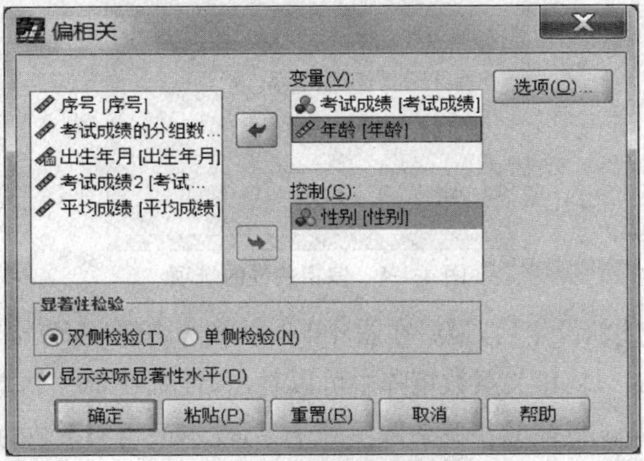


图 4-4-3 偏相关分析界面

(Variables:)下的文本框内,同时选择控制变量。比如选择变量年龄和考试成绩进入右边的变量文本框中,同时选择性别进入控制变量下的文本框中。

2. 选择显著性检验(Test of Significance)下的类型,双尾检验(Two-tailed),一般情况下系统默认该选项,主要适用于不清楚变量相关方向时;此外,单尾检验(One-tailed),是在已经知道相关方向的时候选择。

3. 选择标记显著性相关(Flag significant correlations),选择则在输出结果中标注,相关系数的右上角标注"*"则代表显著性水平 5%下显著相关,如果相关系数的右上角标注"* *"则代表显著性水平为 1%下显著相关。

4. 单击选项(Options…)按钮,则出现图 4-4-4。其中,统计量(Statistics)下的选项,均值和标准差(Mean and standard deviations)表明每对变量输出均值、标准差和无默认值的观测数;零阶相关系数(Zero-order correlations),表明输出零阶偏相关系数,即输出无控制变量的相关系数。缺失值(Missing)下的选项,按对排除个案(Exclude cases pairwise)表明成对的方式排除正在参与运算有缺失值的数据;按列表排除个案(Exclude cases listwise),表明排除所有参与运算变量中有缺失值的数据。两变量运算时二者相同,多变量运算时不同。

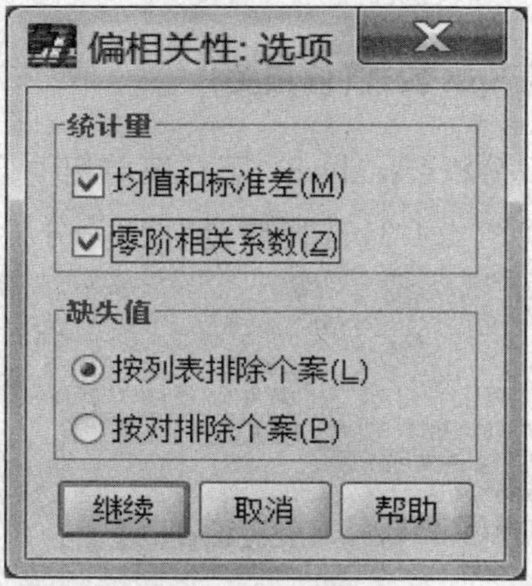


图 4-4-4 偏相关性的选项

5. 经过上述的设定后,最后在图 4-4-3 中单击确定(OK)按钮,即可得出输出结果如表 4-4-2,从相关系数矩阵中可以看出,性别变量控制下有 0.678 的把握判断年龄和考试成绩的相关系数不等于零,皮尔逊相关系数为 0.207。

表 4-4-2 性别控制下年龄与考试成绩的偏相关系数矩阵表

| 控制变量 | | | 考试成绩 | 年龄 | 性别 |
|---|---|---|---|---|---|
| -无-[a] | 考试成绩 | 相关性 | 1.000 | .226 | .310 |
| | | 显著性(双侧) | . | .268 | .124 |
| | | df | 0 | 24 | 24 |
| | 年龄 | 相关性 | .226 | 1.000 | .097 |
| | | 显著性(双侧) | .268 | . | .638 |
| | | df | 24 | 0 | 24 |
| | 性别 | 相关性 | .310 | .097 | 1.000 |
| | | 显著性(双侧) | .124 | .638 | . |
| | | df | 24 | 24 | 0 |
| 性别 | 考试成绩 | 相关性 | 1.000 | .207 | |
| | | 显著性(双侧) | . | .322 | |
| | | df | 0 | 23 | |
| | 年龄 | 相关性 | .207 | 1.000 | |
| | | 显著性(双侧) | .322 | . | |
| | | df | 23 | 0 | |

a. 单元格包含零阶 (Pearson) 相关。

### 4.4.5 相关分析的 Excel 实现

1. CORREL 函数实现

只能够进行两个数量变量的相关系数的计算,多变量无法实现。

选定空白单元格,输入=CORREL(),在括号内输入两个变量的数据区域,以逗号或者冒号连接,冒号仅适用于相邻变量,逗号则不相邻和相邻变量都适用,点击回车(Enter)键,相关系数即可计算出来。

2. PEARSON 积矩法相关系数函数实现

只能够进行两个数量变量的相关系数的计算,多变量无法实现。

选定空白单元格,输入=PEARSON(),在括号内输入两个变量的数据区域,以逗号或者冒号连接,冒号仅适用于相邻变量,逗号则不相邻和相邻变量都适用,点击回车(Enter)键,相关系数即可计算出来。

3. 数据分析——相关系数实现

只能够进行相邻数值变量的相关系数的计算,可以单变量也可多变量,如图 4-4-5。

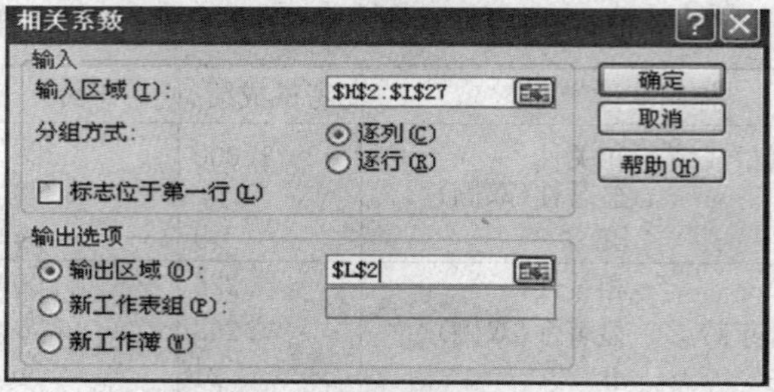


图 4-4-5 Excel 中的变量相关系数的工具实现图

# §4.5 比较均值分析

## 4.5.1 比较均值分析及意义

现实分析中,经常需要对总体某些数量变量的均值进行对比分析,或进行不同子总体的均值比较,或进行与某个具体数值的均值比较,又或对数量变量不同情况下配对样本进行均值比较。与交叉、相关分析相似,也是研究两个或两个以上变量间关系的一种统计分析方法。由于交叉分析一般借助于交叉列联表来分析,所以适用于变量值种类比较少的两个或两个以上变量;而如果一个变量的值种类少,且另一个变量的值种类多或无限时,多应用本节的比较均值进行分析。

## 4.5.2 比较均值分析的种类

比较均值分析一般包括三大类:第一类是单样本均值检验(One-Samples T Test)实现;第二类双样本均值检验,具体包括独立样本 T 检验(Independent-Samples T Test)、配对样本 T 检验(Paired-Samples T Test);第三类是多样本均值检验,具体包括单因素、双因素和多因素的方差分析。第一类是假定均值等于某个具体数值,第二、三类是假定各组的均值全都相等,利用检验统计量的伴随概率,若此概率小于 0.05 的话,则在 0.05 的显著性水平下,拒绝原假设,即可以认为各组的均值不全相等,反之,则接受原假设,认为各组均值全相等。

### 4.5.3　比较均值分析的 Spss 实现

1. 均值分析

适用于各组(自变量不同取值)变量方差相等的条件下,检验各组均值是否相等的情况,具体操作如下:选择主菜单——分析(Analyze),下拉菜比较均值(Compare means),然后选择均值分析(Means)出现图 4-5-1,选择要进行均值分析的因变量和自变量依次进入因变量列表(Dependent List:)和自变量列表(Independent List:)下的文本框中,点击选项(Options…)进入选择统计量窗口(图 4-5-2),默认选择了 Anova 表和 eta(Anova table and eta),另外还可以选择线性相关检验(Test for linearity),然后点击继续(Continue)返回图 4-5-1 窗口,点击确定(OK)即可得到表 4-5-1、4-5-2 和表 4-5-3。

**表 4-5-1　报告表(Report)**

考试成绩

| 性别 | 均值 | N | 标准差 |
|---|---|---|---|
| 男 | 68.47 | 15 | 16.626 |
| 女 | 78.55 | 11 | 14.875 |
| 总计 | 72.73 | 26 | 16.404 |

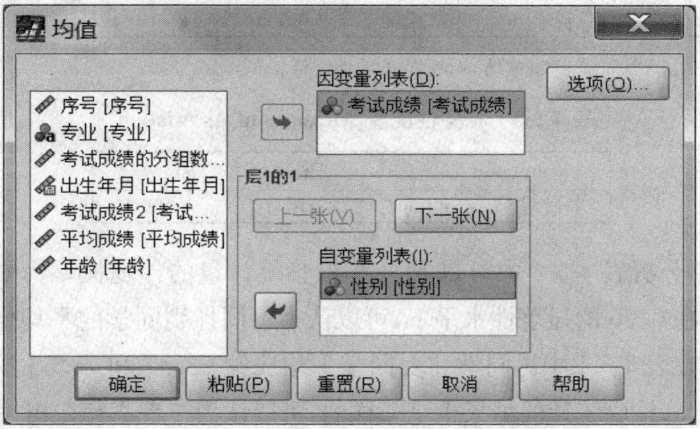


**图 4-5-1　比较均值分析窗口**

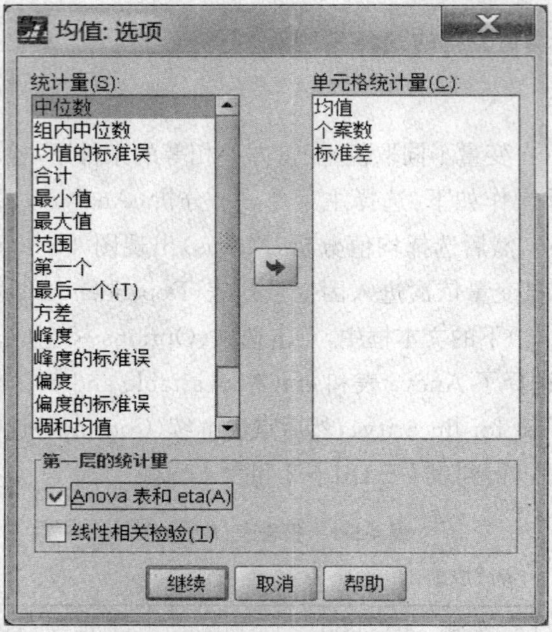


图 4-5-2 比较均值分析显示结果和统计检验选择窗口

表 4-5-2 ANOVA 表(ANOVA Table)

| | | 平方和 | df | 均方 | F | 显著性 |
|---|---|---|---|---|---|---|
| 考试成绩 * 性别 | 组间(组合) | 644.655 | 1 | 644.655 | 2.544 | .124 |
| | 组内 | 6082.461 | 24 | 253.436 | | |
| | 总计 | 6727.115 | 25 | | | |

a. 少于三组,无法计算 考试成绩 * 性别 的线性度量。

表 4-5-3 相关性度量(Measures of Association)

| | Eta | Eta 方 |
|---|---|---|
| 考试成绩 * 性别 | .310 | .096 |

从方差分析表 4-5-2 中可以看出 F 检验统计量的伴随概率为 0.124 大于 0.05,所以在 0.05 的显著性水平下,可以认为不同性别同学的平均成绩没有显著差异,即在表 4-5-1 中男同学和女同学平均成绩 68.47 和 78.55 没有显著差异。当然 Eta 检验统计的结果也是一样的,可以认为二者不存在相关关系。

2. 单样本比较均值——单样本 T 检验(One-Samples T Test)

适用于总体方差未知情况下,单个样本检验均值是否等于某个具体值的情况,具体操作如下:选择主菜单——分析(Analyze),下拉菜比较均值(Compare means)，然后选择单样本 T 检验(One-Samples T Test)出现图 4-5-3，选择要进行均值检验的变量进入右边检验变量(Test Variable(s)：)下的文本框内，同时在检验值(Test Value：)后的文本框内填写检验值，在选项(Options…)进行选择，一般默认选择了样本数 N、均值、标准差和均值得标准误差，当然也可以按照某些目的进行其他选择，然后点击继续(Continue)返回单样本 T 检验窗口图 4-5-3，点击确定(OK)即可得到单样本 T 检验的结果。如选择考试成绩进入检验变量中，在检验值中填写 72.7，确定后得到表 4-5-4 和表 4-5-5。

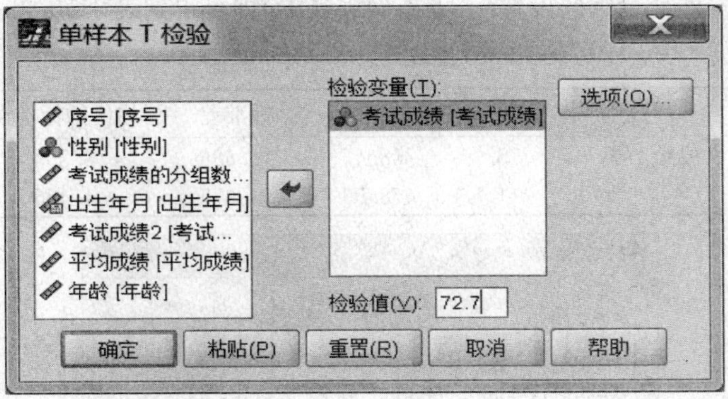


图 4-5-3 单样本 T 检验窗口

表 4-5-4 单样本统计量

| | N | 均值 | 标准差 | 均值的标准误 |
|---|---|---|---|---|
| 考试成绩 | 26 | 72.73 | 16.404 | 3.217 |

表 4-5-5 单样本 T 检验

| | 检验值 = 72.7 | | | | | |
|---|---|---|---|---|---|---|
| | t | df | Sig.(双侧) | 均值差值 | 差分的 95% 置信区间 | |
| | | | | | 下限 | 上限 |
| 考试成绩 | .010 | 25 | .992 | .031 | −6.59 | 6.66 |

从表 4-5-5 中可以看出，检验统计量 t 的伴随概率为 0.992，远大于 0.05，所以可以认为，在 0.05 的显著性水平下该班同学的平均考试成绩显著等于 72.7 分。

3. 双样本比较均值——独立样本的 T 检验(Independent-Samples T Test)

适用于对比分析两个子总体均值是否相等，且方差是否相等未知的情况，具体操作如下：选择主菜单——分析（Analyze），下拉菜比较均值（Compare means），然后选择独立样本的 T 检验（Independent-Samples T Test）出现图 4-5-4，选择要进行均值检验的变量和分组变量依次进入检验变量（Test Variable（s）:）和分组变量（Grouping Variable:）下的文本框中，并定义分组变量（Define Groups…）（图 4-5-5），设置填写分组变量值，在选项（Options…）进行选择置信度的设置，一般默认设置为 95%，点击继续（Continue）返回图 4-5-4 窗口，比如选择考试成绩变量进入检验变量，分组变量中选择并设置性别的两个代码值 1 和 2（或 0，参看变量编码设置）。点击确定（OK）即可得到表 4-5-6 和表 4-5-7。

**表 4-5-6　组统计量（Group Statistics）**

| | 性别 | N | 均值 | 标准差 | 均值的标准误 |
|---|---|---|---|---|---|
| 考试成绩 | 男 | 15 | 68.47 | 16.626 | 4.293 |
| | 女 | 11 | 78.55 | 14.875 | 4.485 |

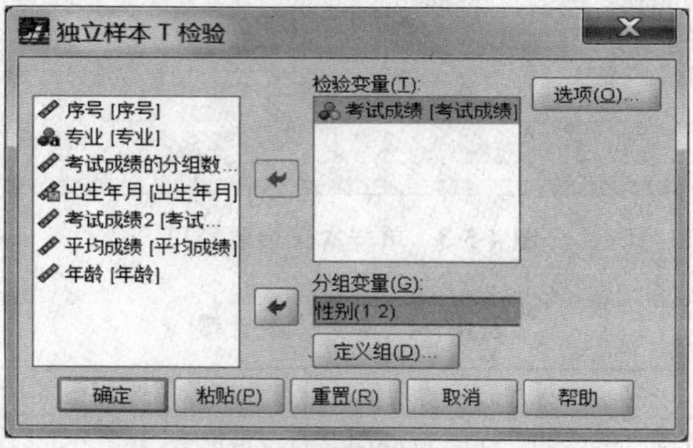


图 4-5-4　独立样本 T 检验窗口

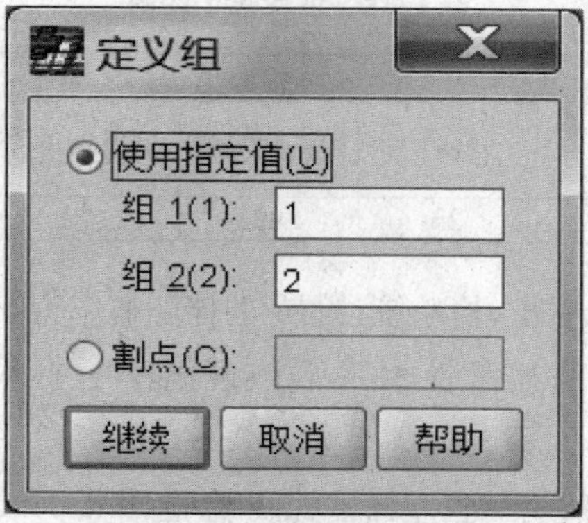


图 4-5-5　设置分组变量的变量值

表 4-5-7 独立样本 T 检验(Independent Samples Test)

| | | 方差方程的 Levene 检验 | | 均值方程的 t 检验 | | | | | | |
|---|---|---|---|---|---|---|---|---|---|---|
| | | | | | | | | | 差分的 95% 置信区间 | |
| | | F | Sig. | t | df | Sig.(双侧) | 均值差值 | 标准误差值 | 下限 | 上限 |
| 考试成绩 | 假设方差相等 | .122 | .730 | −1.595 | 24 | .124 | −10.079 | 6.319 | −23.121 | 2.964 |
| | 假设方差不相等 | | | −1.623 | 22.954 | .118 | −10.079 | 6.208 | −22.923 | 2.765 |

从表 4-5-7 可以看出:通过 F 的伴随概率可以看出 0.730 远大于 0.05,所以得到不同性别两个子总体统计学原理成绩的方差是相等的结论。因此,这种情况下根据第一行的 t 检验统计量的伴随概率是 0.124 远大于 0.05,同样认为不同性别的平均考试成绩是相等没有差异的,结合表 4-5-6,即认为统计意义上男生的 68.47 分和女生的 78.55 分是没有差异的。当然,如果 F 的伴随概率小于 0.05,此时则认为不同性别两个子总体统计学原理成绩的方差是不相等的,那么则需要根据第二行的 t 统计量的伴随概率情况进行分析。

4. 双样本比较均值——配对样本的 T 检验(Paired-Samples T Test)

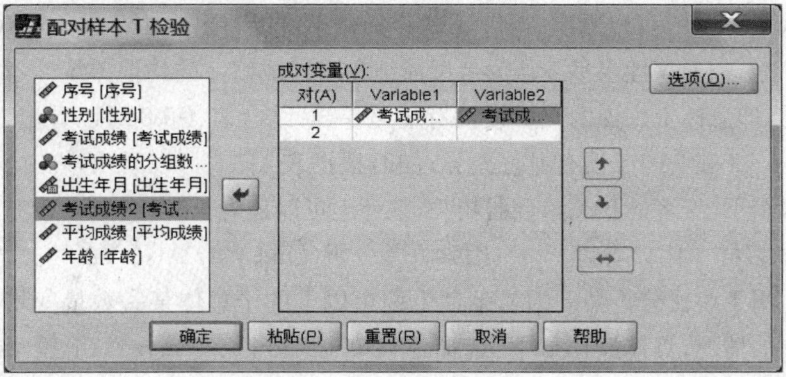


图 4-5-6 配对样本 T 检验窗口

适用于对比分析同一总体某变量前后两次均值是否相等的情况,具体操作如下:选择主菜单——分析(Analyze),下拉菜比较均值(Compare means),然后选择配对样本 T 检验(Paired-Samples T Test)出现图 4-5-6,选择要进行检验的变量依次进入变量1和变量2中，在选项(Options…)进行选择置信度的设置，一般默认设置为95%，点击继续(Continue)返回图4-5-6窗口，点击确定(OK)即可得到表4-5-8、表4-5-9和表4-5-10。

**表4-5-8　成对样本统计量**

| | | 均值 | N | 标准差 | 均值的标准误 |
|---|---|---|---|---|---|
| 对1 | 考试成绩 | 72.73 | 26 | 16.404 | 3.217 |
| | 考试成绩2 | 76.0385 | 26 | 11.21956 | 2.20034 |

**表4-5-9　成对样本相关系数**

| | N | 相关系数 | Sig. |
|---|---|---|---|
| 对1　考试成绩 & 考试成绩2 | 26 | -.136 | .506 |

**表4-5-10　成对样本检验**

| | 成对差分 | | | | | t | df | Sig.(双侧) |
|---|---|---|---|---|---|---|---|---|
| | 均值 | 标准差 | 均值的标准误 | 差分的95%置信区间 | | | | |
| | | | | 下限 | 上限 | | | |
| 对1　考试成绩-考试成绩2 | -3.30769 | 21.09933 | 4.13792 | -11.82989 | 5.21451 | -.799 | 25 | .432 |

从表4-5-10可以看出：通过T的伴随概率可以看出0.432远大于0.05，所以在0.05的显著性水平下认为考试成绩和考试成绩2的均值差统计意义上显著为零，即总体上来说两次成绩没有显著差异；结合表4-5-8可以看出，两次的成绩72.73和76.04没有显著差异；同时根据表4-5-9可以看出，在0.05的显著性水平下，二者的相关系数弱相关，统计上可以认为-0.136与0没有差异。

5. 多样本比较均值——单因素方差分析(One-Way ANOVA)

适用于对比分析某一因素条件下两个以上的子总体某一数量变量均值是否相等的情况，具体操作如下：选择主菜单——分析(Analyze)，下拉菜比较均值(Compare means)，然后选择单因素方差分析(One-Way ANOVA)出现图4-5-7，选择要进行方差分析的因变量和因子(素)依次进入因变量列表(Dependent List)和因子(Factor)下的文本框中，点击确定(OK)即可得到方差分析表。如果想得到其他的一些分析结果，则需要点击对比(Constract…)、两两比较(Post Hoc…)和选项(Options…)进行选择，然后点击继续(Continue)返

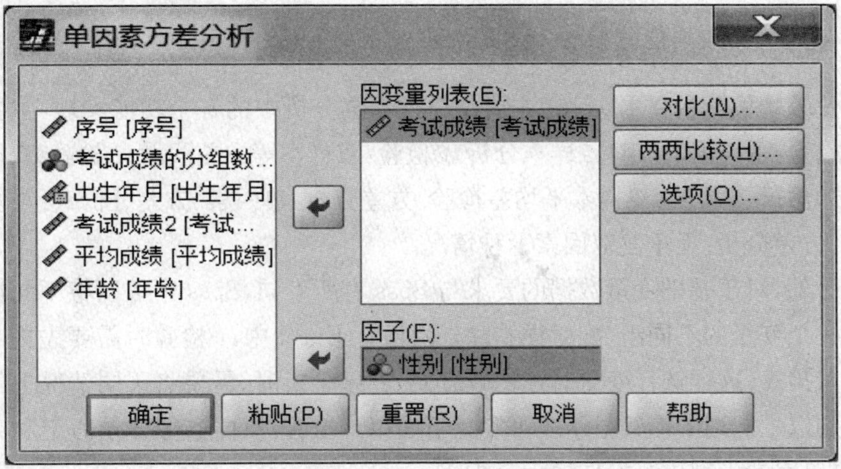


图 4-5-7 单因素方差分析窗口

回单因素方差分析窗口，点击确定(OK)即可得到各因子表现的因变量均值比较结果，一般是方差分析表(表 4-5-11)。注意该分析变量不管是因变量还是因子都必须是数值型变量，不能是字符型变量。

表 4-5-11 方差分析表(ANOVA)

考试成绩

| | 平方和 | df | 均方 | F | 显著性 |
|---|---|---|---|---|---|
| 组间 | 644.655 | 1 | 644.655 | 2.544 | .124 |
| 组内 | 6082.461 | 24 | 253.436 | | |
| 总数 | 6727.115 | 25 | | | |

从表 4-5-11 可以看出：统计量 F 的伴随概率 0.124 远大于 0.05，所以在 0.05 的显著性水平下认为各组考试成绩的平均值全都相等，统计意义上没有显著的差异。由于因子只有两类，所以结果和独立样本的 T 检验结果是一致的，相反如果因子是两类以上的时候，就比独立样本的 T 检验更具操作优势，可以在两两对比中进行选择，不但可以输出类似于表 4-5-11 的输出结果，还可以输出两两组对比的 T 检验统计结果，根据方差分析表判断某一因素下的各组均值是否全部相等(一般显著性值小于 0.05，认为在 0.05 的显著性水平下，各组均值不全相等)，至于哪些组相等和哪些组不相等，则需要通过两两对比的 T 检验统计结果判断(一般显著性值小于 0.05，认为在 0.05 的显著性水平下，两组均值显著不相等，相反则认为相等)。

### 4.5.4 比较均值分析的Excel实现

比较均值分析在Excel中主要是通过数据分析中的各个功能实现，主要包括t-检验：平均值的成对二样本分析、t-检验：双样本等方差假设、t-检验：双样本异方差假设、z-检验：双样本平均差检验、方差分析：单因素、方差分析：可重复双因素、方差分析：无重复双因素七种情况。

另外，对于基础变量数据的要求与Spss有所不同，Spss中可以将不同情况作为一个变量的不同组(配对样本除外)；但在Excel中，t-检验时需要先按照分组变量排序，这样选择变量时才比较方便，方差分析时，需要将不同情况下的变量分别以不同列的形式显示才可以。下面以t-检验：双样本等方差假定和方差分析：单因素为例进行操作演示分析。

1. 双样本比较均值(t-检验：双样本等方差假设)

第一步，对原始数据按照性别进行排序；

第二步，选择数据——数据分析——t-检验：双样本等方差假设，出现图4-5-8；

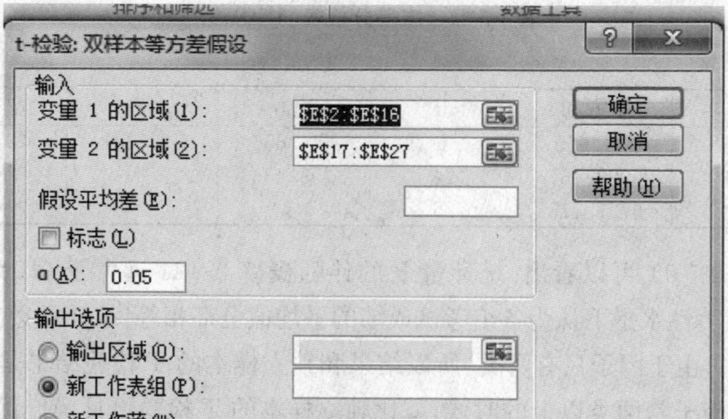


图 4-5-8 t-检验：双样本等方差假设

第三步，选择或填写不同组(类)的比较均值变量区域，依次进入变量1和变量2的区域，即15位男同学考试成绩e2：e16和11位女同学考试成绩e17：e27，依次进入变量1和变量2的区域，选择默认的显著性水平0.05和输出选项在新工作表组，点击确定即可得到统计结果如表 4-5-12。

从表 4-5-12 可以看出：15 位男同学的平均成绩约为 68.47 分，11 位女同学平均成绩约为 78.55 分，P(T<=t)双尾时的值约为 0.124 大于 0.05，所以在 0.05 的显著性水平下，可以认为不同性别同学的平均成绩差等于零，即二者没有显著差异。

**表 4-5-12 t-检验：双样本等方差假设**

| | 变量 1 | 变量 2 |
|---|---|---|
| 平均 | 68.46667 | 78.54545 |
| 方差 | 276.4095 | 221.2727 |
| 观测值 | 15 | 11 |
| 合并方差 | 253.4359 | |
| 假设平均差 | 0 | |
| df | 24 | |
| t Stat | −1.59489 | |
| P(T<=t) 单尾 | 0.061912 | |
| t 单尾临界 | 1.710882 | |
| P(T<=t) 双尾 | 0.123823 | |
| t 双尾临界 | 2.063899 | |

2. 多样本比较均值(方差分析：单因素)

第一步，对原始数据按照性别进行排序；

第二步，将 15 位男同学和 11 位女同学的成绩存放在 Excel 的两列上，如 e2:e16 和 f2:f13 中；

第三步，选择数据——数据分析——方差分析：单因素，出现图 4-5-9；

第四步，选择或填写不同组(类)的相邻两列数据到输入区域，即 15 位男同学考试成绩和 11 位女同学成绩的 e2:f16 区域进入输入区域，选择默认的显著性水平 0.05 和输出选项在新工作表组，点击确定即可得到单因素方差分析的两部分统计结果如表 4-5-13。

从表 4-5-13 可以看出，两组变量的均值、方差和样本量的报告(SUMMARY)数据，同时从方差分析中的 P 值(P-value)可以看出，P 值 0.124 大于 0.05，因此可以认为各组平均成绩全都相等，没有显著差异。

表 4-5-13　方差分析:单因素方差分析

SUMMARY

| 组 | 观测数 | 求和 | 平均 | 方差 |
|---|---|---|---|---|
| 列 1 | 15 | 1027 | 68.46667 | 276.4095 |
| 列 2 | 11 | 864 | 78.54545 | 221.2727 |

方差分析

| 差异源 | SS | df | MS | F | P-value | F crit |
|---|---|---|---|---|---|---|
| 组间 | 644.6548 | 1 | 644.6548 | 2.54366 | 0.123823 | 4.259677 |
| 组内 | 6082.461 | 24 | 253.4359 | | | |
| 总计 | 6727.115 | 25 | | | | |

# §4.6　多元统计分析

前面介绍的描述性统计和相关分析技术，一般都用于单变量或双变量的统计分析，对于多变量间关系的分析则显得力不从心。随着数据分析技术的不断提高，形成了很多种多变量间关系分析的技术，比如回归分析、聚类分析、判别分析、因子分析、主成分分析、Logistic 回归分析等。本节主要介绍在调查数据分析中常用的几种多元统计分析。

## 4.6.1　聚类分析与判别分析

### 4.6.1.1　聚类分析概述

1. 聚类分析的基本思想

聚类分析是研究物以类聚问题的一种多元统计分析方法，其基本思想是用来辨认具有相似性的事物，根据样本的多个指标观测值(或者变量的多个样本观测值)，找出一些能够度量各样本或指标之间相似程度的统计量，以这些统计量为划分类型的依据，把一些相似程度较大的样本或指标聚为一类，把另外一些彼此之间相似程度较大的样本又聚为另一类，关系密切的聚合到一个小的分类单位，关系疏远的聚合到一个大的分类单位，直到把所有样本(或指标)都聚合完毕，形成一个由小到大的分类系统。最后再把整个分类系统化成一张谱系图，用它把所有样本或指标间的亲疏程度表示出来。

2. 聚类分析的分类及应用

聚类分析根据研究对象的不同,可以分为对变量进行的 R 型聚类,也可以对样本进行的 Q 型聚类。实际中遇到较多的聚类问题是 Q 型聚类问题。聚类分析应用的范围很广,涉及到宏观经济和微观经济的各个层面。在微观层,企业可以通过聚类分析了解细分的原则,了解不同细分的特征,也可以借此确定主要竞争对手。在宏观层,聚类分析与其他多元统计分析结合,可以研究区域经济的发展等。例如,根据国民经济发展的指标,将全国各个省市自治区分为几类;根据上市公司的财务数据,把公司分成几类等等。

3. 聚类分析的方法

目前,有许多软件都携带有聚类分析模块,所以操作运行都比较简单。在 Spss 中,包括四种聚类分析的模块,即两步聚类、快速聚类、分层聚类和决策树。快速聚类 K-means Cluster,又称逐步聚类,是非系统聚类中最常用的即,只适用于对样本进行的 Q 型聚类分析。快速聚类方法简单、占用内存少,适合大样本的聚类分析处理。其实质就是分步聚类,即先选定一批凝聚点,让变量或样本向最近的凝聚点靠拢,这样凝聚成类,形成初步的分类。然后会对凝聚点的选点进行调整,一直调整到比较合理为止。一般快速聚类都要经过多次迭代才能形成比较理想的结果。

分层聚类 Hierarchical,又称系统聚类,提供了全面且强大的聚类分析功能,可以对多种数据进行 Q 型和 R 型聚类分析。一般的聚类方法有 7 种,分别是组间连接法(Between-groups linkage)、组内连接法(Whithin-groups linkage)、最短距离法(Nearest neighbor)、最长距离法(Furthest neighbor)、重心距离法(Centroil Clustering)、中位数距离法(Median Clustering)和 Ward 法(Ward's 法)。其中,组间连接法是一种比较优秀和稳健的方法,因此一般在 Spss 软件中被设置为默认方法。各种方法之间有所差异,选择的时候主要根据具体情况和聚类效果来确定,该种聚类方法相对比较复杂,进行分析前,首先要通过平移变换、极差(或极值)变换、标准变换、对数变换等方法对数据进行转换,然后再运用适当的方法实现聚类。

4.6.1.2 判别分析概述

1. 判别分析的基本思想

判别分析由费歇尔(R.A.Fisher)于 1936 年提出,是建立在聚类分析基础上的一种统计分组和判别技术。它是在已知研究对象分成若干类型(或组别)并已取得各种类型的一批已知样品的观察数据基础上,根据某些准则建立起能尽可能把属于不同类型的数据区分开来的判别函数,然后用它们来判别未知类型的样品该属于哪一类。

2. 判别分析的分类及应用

判别分析按判别的组数可分为两组判别分析和多组判别分析;按区分不同总体所用数学模型可分为线性判别分析和非线性判别分析;按判别时所处理的变量方法不同可分为逐步判别分析和序贯判别分析;按判别准则的不同可分为距离判别法、Fisher判别法、Bayes判别法等。判别分析是判别样品所属类型的一种多元统计分析方法,其应用范围很广。如在经济学中,根据各种指标来判定一个国家的经济发展程度的类型,是发达国家、发展中国家还是落后国家。在生物科学中,来判断一段基因组织的类型,是人类的基因还是其他动物的基因。

3. 判别分析的方法

距离判别法是首先根据已知分类的数据,分别计算各类的重心,即分组(类)均值,判别准则是对于任给的一次观测,若它与第 $i$ 类的重心距离最近,就认为它来自第 $i$ 类。Fisher判别法指从K类总体中抽取具有P个指标的样品观测数据,借助方差分析的思想构造一个判别函数或称判别式,使K组间的区别最大,而使每个组内部的离差最小。对于一个新的样品,将它的P个指标值代入判别式中求出判别函数值,然后与判别临界值进行比较,就可以判别它应属于哪一个总体。

### 4.6.2 聚类分析与判别分析的Spss实现

主要是通过分类菜单(Classify)功能实现,见图4-6-1其中,决策树是新加入的一个分析模块,主要介绍快速聚类和分层聚类,尤其是分层聚类。

1. 快速聚类

选择主菜单——分析(Analyze),下拉菜单分类(Classify),然后选择快速(K均值)聚类(K-means Cluster)出现图4-6-2。

(1)选择用于快速聚类分析的变量(Variables)进入变量下的文本框内。

(2)选择用于快速聚类的个案标记的依据变量(Label Cases by)进入相应

的文本框内。

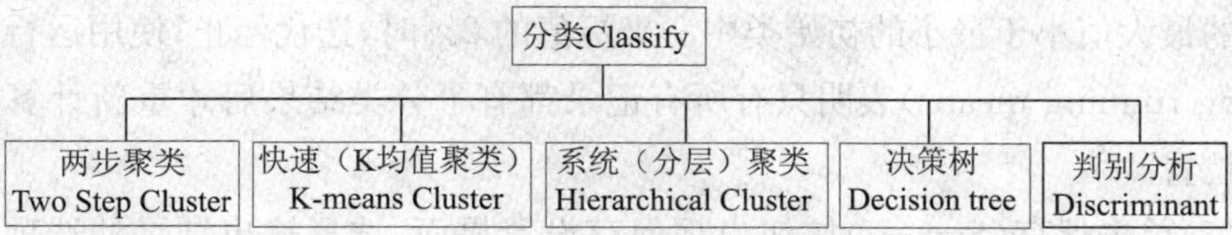


图 4-6-1　分类菜单的构成图

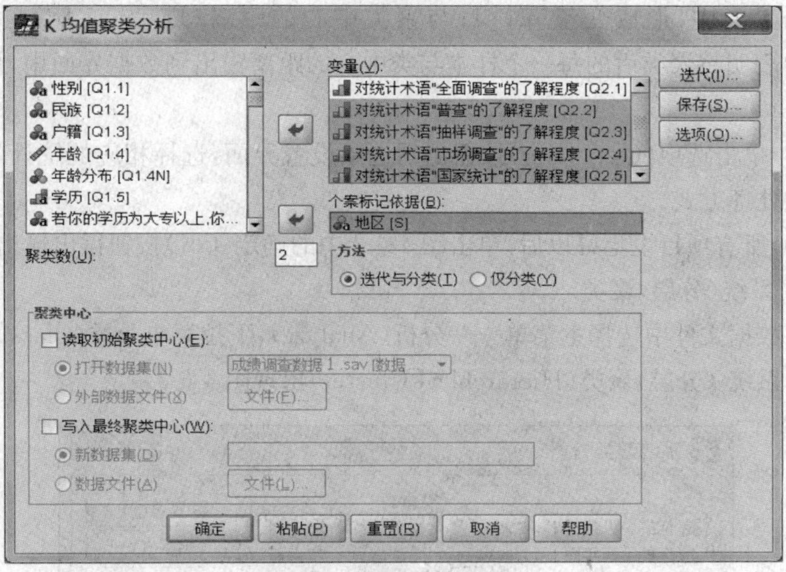


图 4-6-2　快速聚类分析界面

(3)选择分类方法(Method)选项，Iterate Classify 指迭代分类，Classify Only 指仅分类，系统默认的是前者，即迭代分类，在初始分类中心的基础上不断迭代和更换中心位置。

(4)填写快速聚类的最终结果显示的种类数在(Number of Cluster)后的文本框内，默认值为 2。

(5)单击聚类中心(Centers)按钮出现中心设置界面，选择可展开和定义类中心坐标的选项。其中，Read initial from 表示读取初始聚类中心，Write final as 表示写入最终聚类中心。

(6)单击迭代(Iterate…)按钮出现迭代设置界面，选择迭代次数，包括三个选项。其中最大迭代次数(Maximum Iterations)设置，默认值是 10；收敛性标准(Convergence Criterion)设定,默认值为 0.02,显示为 0,表明当类中心距离变化的最大值小于最小的初始类中心坐标值的 2%时,迭代停止;使用运行均值(Using running means)表明只有所有记录都有了分类结果后才重新计算类中心的位置。

(7)单击保存(Save…)按钮出现保存设置界面,选择输出结果的选项。其中,聚类成员(Cluster membership)表明将聚类后的每一个样本所属类型输出到数据界面中,形成变量 qcl_1;与聚类中心的距离(Distance from cluster center)表明将聚类后的每一个样本与类中心的距离输出到数据界面中,形成变量 qcl_2。

(8)单击选项(Options…)按钮出现选项设置界面,选择相应的统计量和缺失值的处理方式。

(9)所有项目设定好以后,单击图 4-6-2 中的确定(OK)按钮得出输出结果。

2. 系统(分层)聚类

在数据文件中选择主菜单——分析(Analyze),下拉菜单分类(Classify),然后选择系统 (分层)聚类(Hierarchical Cluster)出现图 4-6-3。

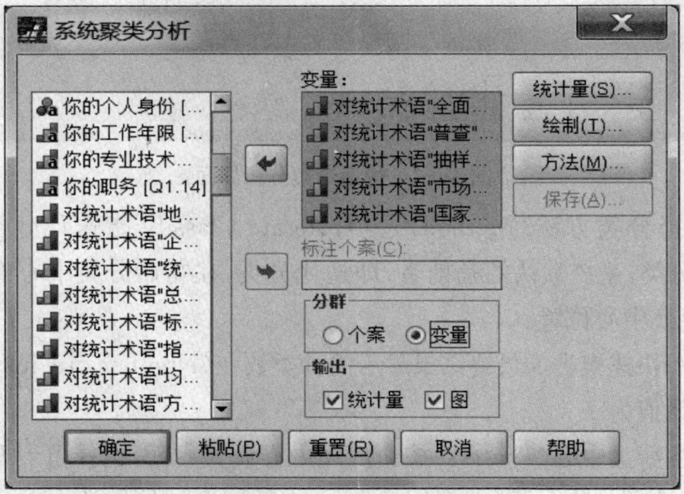


**图 4-6-3 分层聚类分析界面**

(1)选择用于系统(分层)聚类的变量进入变量(Variables)下的文本框内。比如:对 21 个基本统计术语公众的了解程度如何进行聚类,选择变量 q2.1 至 q2.12 进入右边的文本框。

(2)选择系统(分层)聚类的类型,即对样本聚类还是对变量聚类。如果是对变量聚类,则选择分类(Cluster)下面的变量(Variables)选项;如果是对样本聚类,则选择分类(Cluster)下面的个案(Cases)选项,同时选择个案(样本)标记的依据变量(Label Cases by:)进入文本框内。

(3)选择输出统计结果区,输出(Display)下选择是统计量(Statistics)还是统计图(Plots),一般默认两者都要输出。

(4)选择统计量输出结果设置选项,单击统计量(Statistics…)包括各种统计量选项。其中,合并进程表(Agglomeration schedule)选项表示记录聚类过程的详细情况,一般默认此选项;相似性矩阵(Proximity matrix)表示输出样本或变量间距离或相似矩阵;聚类成员(Cluster Membership)选项区表示选择是否给出样本或变量聚类结果的列表,一般默认不给出。

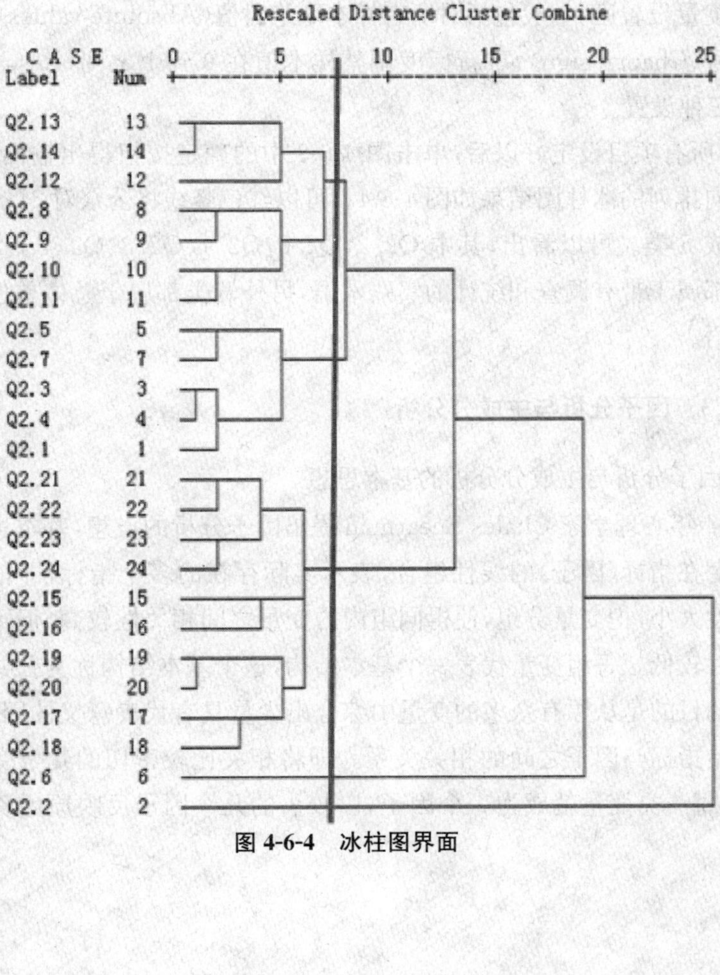


图 4-6-4 冰柱图界面

(5)选择统计图输出结果设置选项，单击绘制图(Plots…)包括各种统计图选项。其中，树状图(Dendrogram)选项表示给出树状图输出结果；冰柱图(Icicle)选项表示给出冰柱图输出结果；方向(Orientation)选项区表示给出图结果是垂直纵向排列(Vertical)还是水平横向排列(Horizontal)。

(6)选择分类方法选项。单击方法(Method…)选项，详细的在聚类分析的方法中已经介绍；Measure 选项区用于确定聚类分析的数据类型，其中 Interval 指连续变量或者等间隔变量，Counts 指计数变量，Binary 指二分类变量；Transform Values 选项区为数值的转换设置区，通过选择 Standardize：后面文本框中提供的方法完成对数据的转换设置，一般包括不做处理、均值为 0 标准差为 1 的标准化法、在－1 到 1 之间变化的方法、0 到 1 之间变化的方法、最大值为 1 的方法、均值为 1 的方法以及标准差为 1 的方法；Transform Measures 选项区为转换度量设置区，一般包括对所有样本取绝对值(Absolute values)、改变样本值的符号(Change sign)、重新标度调整样本值在 0 到 1 之间(Rescale to 0－1 range)三种设置。

(7)所有项目设定好以后，单击图 4-6-3 中的确定按钮得出输出结果，其中水平横向排列的冰柱图结果如图 4-6-4。可以红色竖线将公众对 21 个基本统计术语分成 5 类。可以看出，其中 Q2.2，Q2.6，Q2.1、Q2.3、Q2.4、Q2.5、Q2.7，这三类都属于带有调查和统计的实践术语，另外两类都属于总体单位和标志等理论术语。

### 4.6.3 因子分析与主成分分析

1. 因子分析与主成分分析的基本思想

1904 年心理学家 Chales Spearman 提出因子分析的设想，基本思想是用少量几个潜在指标(因子)的线性组合，表示实际存在的多个指标，即根据变量间的相关性大小，把变量分组，使得同组内的变量之间相关性较高，但不同组的变量相关性较低。每组变量代表一个基本结构，这个基本结构称为公共因子。因子分析的目的是从原有众多的变量中综合出少量具有代表意义的因子变量，以再现原始指标与因子之间的相关关系。即将相关比较密切的几个变量归在同一类中，每一类变量就成为一个因子，以较少的几个因子反映原始资料的大部分信息。

主成分分析则是因子分析中，特殊因子为零时的特例，其不同于因子分析之处在于是从解释变量方差的角度出发，假定解释变量的方差能够完全被主成分所解释。而因子分析是从解释变量间相关关系的角度出发，假定解释变量间的相关关系能够完全被公共因子解释，变量的方差不一定能够完全被公共因子解释。因此，在Spss统计分析软件中，二者的实现都是通过主菜单分析（Analyze）中下拉菜单降维（Data Reduction）下的因子分析（Factor）菜单实现的。

2. 因子分析与主成分分析的应用

二者的应用非常广泛，尤其是在分析指标过多、因素繁多时，不仅可以通过分析找出主要矛盾，还能将大量繁杂的原始指标数据简化为很少几个变量进行综合评价，同时能够尽可能地保留原始指标的信息，起到降维的作用。在细分分析中，常用来寻找消费者分群的内在的因素，比如新产品购买者可以按他们更注重的是哪一个因素来分群（是经济性，方便程度，性能，舒适性还是豪华性还是豪华程度等）；在进行产品研究中，用来确定影响消费者选择品牌的特性，比如牙膏品牌可以从防蛀牙，洁白牙齿，味道，口气清新及价格上予以评价；在广告研究中用来了解目标的消费特征，比如速冻食品的购买者可能花很多时间看电视，或收听流行音乐等；在价格研究中用来决定对价格反应敏感的消费者的特征，比如消费者可能是以家庭为中心，朴素的消费者等等。由于因子分析和主成分分析的计算比较复杂，因此，在Spss中进行具体分析的过程中各种选项也就比较多，对于初学者来说应该尽量采用系统默认值进行分析。

3. 因子分析模型

因子分析通常采用正交因子模型，指存在 $m$ 个因子，使原始变量可以由这些因子的线性组合来表示。即设有 $k$ 个观测变量，分别为 $X_1, X_2, \cdots, X_k$，且它们之间不是相互独立的，可能存在一定程度上的相关，存在因子 $F_1, F_2, \cdots, F_m (m \leqslant k)$，使原始变量表示为以下线性组合：

$$X_i = a_{i1}F_1 + a_{i2}F_2 + \cdots + a_{im}F_m + u_i, \quad i = 1, 2, \cdots, k$$

其中：$F_1, F_2, \cdots, F_m$ 叫做公共因子，它们是各个观测变量所共有的因子，解释变量间的相关性；$u_i$ 称特殊因子，它是每个观测变量所特有的因子，相当于多元回归中的随机扰动项，表示该变量不能被公因子所解释的部分，当主成分分析时，特殊因子为零；$a_{im}$ 称为因子载荷，它是第 $i$ 个变量在第 $j$ 个公共因子上的载荷，或者说是第 $i$ 个变量与第 $j$ 个公共因子的相关系数，其大小说明了第 $i$ 个变

量与第 $j$ 个公共因子关系的密切程度。

该模型中m个公共因子之间相互独立,特殊因子和公共因子间也是相互独立的。

### 4.6.4 因子与主成分分析的Spss实现

1. 单击主菜单分析(Analyze)中下拉菜单降维(Data Reduction)下的因子分析(Factor)菜单,出现图4-6-5。选择进行分析的变量进入变量(Variables)下的文本框内。比如:对七个基本统计术语、六个统计指标和四个分析软件的了解程度变量进行因子分析。

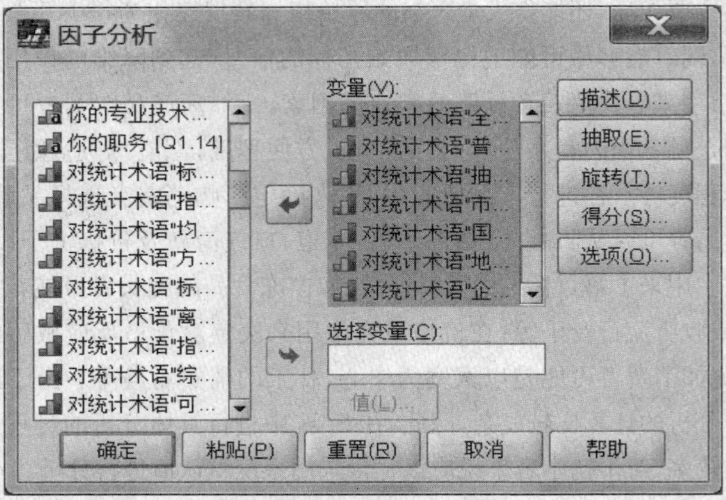


图4-6-5 因子分析或主成分分析界面

2. 单击描述(Descriptives…)按钮出现因子分析的描述统计界面,选择相关矩阵(Correlation Matrix)下的系数(Coefficients)选项,计算所有变量的相关系数矩阵。相关系数矩阵是因子分析直接要用的数据,根据计算出的相关系数矩阵可以进一步判断是否适合采用该种方法进行分析。

3. 单击提取(Extraction…)按钮出现因子分析提取界面,选择方法(Method)下的具体方法选项实现提取公共因子的方法,系统默认为第一种,即主成分分析法(Principal components);选择分析(Analyze)下的相关系数矩阵(Correlation Matrix)还是方差矩阵(Covariance Matrix);选择输出(Display)下的项目,系统默认为未旋转的因子结果(Unrotated factor solution,表明要输出因子载荷矩阵;选择提取(Extract)下的选项,系统默认为特征值大于(Eigen-values over)后的文本框内等于具体数值,表明因子的特征值要求大于等于某个具体数值,默认是1,实际应用时一般选择大于等于0.6,另外一个选项就是因子的数量(Number of factors),即指在其后面的文本框中填入需要公共因子的数量。

4. 单击旋转(Rotation…)按钮出现因子分析的旋转界面,选择方法(Method)下进行因子旋转的方法,系统默认为None,即不进行因子旋转,在实际应用时一般选择方差极大值法,即选择Varimax选项。通过因子的旋转后的因子载荷矩阵,可以更加清楚地确定因子的经济含义,具体的与哪些原始变量有密切的联系。

5. 单击得分(Scores…)按钮出现因子分析得分界面,选择另存为变量(Save as variables)下的计算公共因子值的方法,系统默认为回归法(Regression),然后选择Display factor score Coefficient Matrix,因子值即可自动形成在数据界面中。

6. 所有项目设定好以后,单击图4-6-5中的确定按钮得出输出结果,根据因子载荷矩阵,我们可以定义因子的经济含义,运用各个因子在每个样本上的得分值,以及原始指标信息进行综合分析。比如根据上述的设定,可以得到相关系数矩阵、公因子方差、解释总方差、成分矩阵、旋转成分矩阵等图表,然后进行分析说明。如根据相关系数矩阵中变量的系数判断是否适合进行因子分析,一般要求相关系数越高的变量使用该方法效果越好;根据解释总方差表中的累积贡献率,可以发现用更少的因子就可以反映原始信息百分之多少的信息;从因子载荷矩阵中可以看出原始变量与降维后的因子(成分)间的关系,同时还可以根据各个因子得分的情况进行对比分析说明等。

# 第五章　调查分析报告

毛泽东同志曾在《反对本本主义》中说“没有调查，没有发言权”，当今时代更是如此，调查研究是领导进行科学决策、科学管理的基础，是发现和解决各种问题的基本方法。调查作为统计工作的一个重要过程，其形成的最终成果之一就是调查分析报告。调查分析报告，顾名思义是在统计调查基础上形成的报告，是调查研究的成果，也是实施决策管理的依据。随着社会经济的发展，以及统计调查方法的广泛应用，各个领域都有涉及，因此，系统地学习和掌握调查分析报告的格式、写作技巧等尤显重要。

## §5.1　概述

### 5.1.1　调查分析报告的涵义

调查分析报告是统计调查、整理分析形成最终成果的综合体现形式，是运用科学的方法，有目的、有计划、系统地搜集、整理和分析调查对象的资料，在对客观实际进行深入调查研究基础上，由分析观点、支撑观点的统计资料等构成，反映调查研究成果的一种应用文形式，常见的“考察报告”“调查汇报”“情况反映”“调查与思考”等都属于调查分析报告的范畴。

### 5.1.2 调查分析报告的特点

调查分析报告不同于一般的统计分析报告，它的基本特点是以实际调查资料为基础，实事求是地反映客观实际，通过对实际资料的分析得出客观结论。切忌先确定出某种结论，然后去寻找证据来验证这一结论，具体包括以下七方面特点。

1. 客观性

客观性就是要尊重客观实际，要用事实资料说话，这是调查分析报告的生存基石。调查分析报告的内容必须是建立在充分的实际调查基础之上，利用大量调查单位一手的数据资料，综合整理出反映调查对象的事实数据，在此基础上提炼概括出说明调查对象的科学结论。调查分析报告不能就事论事，只罗列和堆砌调查原始或整理的资料，不分析说明得到结论；也不能先确定出某种结论，然后为了结论弄虚作假原始数据，或者断章取义避重就轻；更不能成为没有实际调查资料支撑的空中楼阁，脱离实际，空发议论。

2. 时效性

信息时代背景下，很多信息都是稍纵即逝，在短时间内拥有巨大价值，反之，时间久了价值会下降，有些甚至过时而毫无价值。在这方面市场调查报告表现得尤为突出一些，由于市场形势瞬息万变，作为反映市场信息的调查报告，必须能够保证在第一时间内反映市场的变动，并进行数据挖掘，分析出科学决策的依据。相反，如果做不到迅速及时，就会“时过境迁”，失去调查的现实意义。因此，快速准确并及时满足信息需求者的要求，是对调查分析报告的基本要求，只有这样才能更好地发挥调查分析报告的作用。

3. 针对性

针对性是调查分析报告的灵魂，任何一个调查分析报告都有特定的选题和特定的阅读对象。首先，调查分析报告必须能够反映调查的根本目的，做到有的放矢。必须要针对某一主题展开论述，表明观点，这样才能够做到重点突出，分析透彻。这是任何一个调查都要保证的，否则调查出来的信息不能满足需求，这个调查活动就是失败的。其次，调查报告必须明确阅读对象，由于不同的人要求和关心问题的侧重点不同，要根据阅读对象的习惯、知识水准等特点，选择恰当的表述方式，针对性越强，则指导意义和作用就越大。

4. 广泛性

调查分析报告在涉及内容上具有广泛性。它反映面宽，既可反映历史情况，也可反映具体的事件；既可写正面的情况，也可写反面的事实；既可以自身的情况为内容，更可以他人实践活动为对象；既可以反映经济领域，也可以反映社会等其他领域。凡是某种普遍意义、特殊意义或引人关注的事件都可以用这种形式反映。

5. 新颖性

调查分析报告是调查研究后的成果，其内容一定要新，要努力反映新情况，研究新问题，提供新经验。即使是“老”题目，也要努力选择新角度，通过调查研究得到新发现，提出新观点，形成新结论，写出新报告。只有这样的调查分析报告，才是真正有价值的新发现。否则老生常谈的调查分析报告，吸引不住人，打动不了人，启发不了人，说服不了人，更不能起到指导和推动工作的作用。

6. 系统性

系统性是针对某一主题下调查分析报告的写作要求，必须系统全面地了解调查对象与调查目的相关的资料，在充分研究事实资料的基础上，用科学公正的态度，辩证地处理材料，找到事物发展变化的本质特征和规律，从而得出结论。

7. 可读性

调查分析报告要观点鲜明、语言平实、安排有序、行文流畅，作到图文并茂，同时，要选取对调查对象本身具有典型意义的事实材料来支撑观点。

### 5.1.3 调查分析报告的分类

调查分析报告由于涉及内容广泛，不同的调查采用的方法、关注的侧重点等都不同，表现形式也是多样，根据不同的分类标准，调查分析报告可以划分为众多不同的种类，下面详细介绍几种不同的分类。

5.1.3.1 按照研究对象不同进行的分类

按照研究对象不同分为社会经济调查报告、市场调查报告等。

1. 社会经济调查报告主要是针对社会经济领域的基本情况、不断涌现的新事物、新问题等进行调查研究，在此基础上形成调查报告，为党中央和各级政府制定政策、指导社会经济工作等提供科学的依据，多数由政府部门统计来实现。

2. 市场调查报告在经济领域中最常使用，是经济部门和企业及时准确了解市场供需情况，进行市场预测、制定政策和做出决策的重要参考依据，多数由企业的统计部门和各种专业的市场调查机构来实现。

5.1.3.2 按照调查组织方式不同进行的分类

按照调查组织方式不同，分为基本情况的调查报告、重点调查报告、典型调查报告和抽样调查报告。

1. 基本情况的调查报告主要用于反映全面调查的结果，比如人口、经济、农业等普查公报，以及国民经济和社会发展运行报告、人力资源和社会保障事业发展统计公报等统计报表制度的公报。由于反映情况要求全面、准确，所以在报告中涉及的基本情况说明和各种统计数据，都应该具有普遍意义，绝对不允许以点带面、以偏概全、以局部说明整体等情况出现。

2. 重点调查报告主要用于反映重点调查的结果，由于调查的时候只选取了部分重点单位进行调查，所以只能反映重点单位的真实情况，同时反映全部重点单位某一数量对总体的影响。

3. 典型调查报告，是根据调查的目的，有意识地选择少数有代表性的单位，深入实际，进行调查研究后所形成的报告，主要包括“解剖麻雀式”和“划类选典式”。

比如工业生产者出厂价格变动情况，年主营业务收入 2000 万元以上的企业采用重点调查方法，年主营业务收入 2000 万元以下的企业采用典型调查方法。

4. 抽样调查报告，根据一定原则，从调查对象总体中抽出一部分单位进行调查，并据以对调查研究对象进行估计和推断的报告。比如《全国农民工监测调查报告》《人口变动情况的抽样调查》《规模以下企业的抽样调查》等。

5.1.3.3 按照调查的目的或功能不同进行的分类

按照调查的目的或功能不同，可以分为探索性调查报告、描述性调查报告、因果性调查报告和预测性调查报告。

1. 探索性调查报告，探索性调查一般应用于调查课题的初期阶段，目的是解决“可以做些什么”的问题，是为了使调查课题的问题更加明确而形成的调查报告。

2. 描述性调查报告着重于事物的各方面基本特征，将调查对象具体化，解决“是什么”的问题。以反映情况为主，陈述事实、摸清问题即可，一般不做议论。比如市场调查报告中要解决“谁”“什么时间”“什么地点”“做什么”“怎样做”等问题，比如消费者行为调查中，要呈现消费者的何时何地为何做出这种行为等特征。经济调查报告中也是要呈现出调查对象的基本特征，比如各种统计公报、普查报告及市场行情快报等，目的在于公布调查得到的各项基本整理数据，以简单的罗列各种整理表数据为主，不会过多解释，更不会分析，当然一般会对数据的调查过程、范围和方法等进行说明，以便人们分析利用这些数据。

3. 因果性调查报告，又称为解释性调查报告，解决“为什么”的问题。为了探究事物间的因果关系而写的调查报告，要求对调查对象进行深入研究，探讨原因，找出规律。

4. 预测性调查报告就是统计预测报告，解决“将来会怎样”的问题。它是依据调查事物的历史和现状，对未来的发展趋势和状况进行预测，为管理者制定规划和决策提供方向性的参考意见。

在一个调查课题中，往往是几种报告形式组合应用的。因果性和预测性调查报告中分析内容很多，目的在于陈述某些观点和结论，会结合文字描述与图表呈现等形式展示调查的结果，并支撑观点结论，隶属于分析性调查报告，且一般都是建立在描述性调查报告基础上，绝大多数的调查报告都属于这种综合类型。

#### 5.1.3.4 按照调查内容不同进行的分类

按照调查内容不同，可以分为定性调查报告和定量调查报告，一般调查分析报告都是二者的结合。

1. 定性调查报告主要利用定性分析方法形成报告，几乎没有定量数据支撑。比如对政治、经济、自然地理环境等市场基本环境的调查报告。

2. 相反定量调查报告则通过各种数据进行定量描述和分析，有时甚至可以进行模型分析，或者进行定量的预测分析。比如对市场供需、产品以及营销等的调查报告。

#### 5.1.3.5 按照调查内容范围不同进行的分类

按照内容范围不同可以分为专题调查报告和综合调查报告。

1. 专题调查报告是对某一个或某一方面的问题进行专题调查而写成的报告。它反映的对象可以是个体，即针对一个专题对一个单位进行调查；也可以是群体，即针对一个专题对部分单位进行调查。专题调查报告选题灵活、内容集中、针对性强、易于较快拿出成果。专题调查报告具有一定深度，能为领导解决某方面的问题，制定某方面政策提供依据。

2. 综合调查报告是对调查对象多方面情况进行调查之后写的报告。要求把调查对象各方面的情况联系起来进行综合研究，做出全面评价，主要用于为领导从全局上指导工作提供决策咨询。

5.1.3.6 按照调查内容性质不同进行的分类

按照内容性质不同，可以分为反映一般情况的调查报告、研究政策的调查报告、总结经验的调查报告、揭露问题的调查报告和反映新事物的调查报告。

1. 反映一般情况的调查报告，又称为基础或资料调查报告，指研究某一社会经济现象的基本情况或者综合情况，为领导掌握情况、研究问题、制定政策提供参考和依据，这种调查报告要求比较全面地反映现状，说明基本情况，既可以反映成绩，也可以反映问题，但分析很少。

2. 研究问题的调查报告，指研究某项工作的关键问题，反映问题的特点，分析问题存在的原因，提出解决问题的可行性意见，此类报告分析和议论的成分较重。很多政策在实施过程中都会出现一些问题，通过对问题的反馈研究，对政策不完善的地方，提出改进的意见，以便修正和调整，使之更加符合客观实际，为领导决策提供参考。

3. 总结经验的调查报告，很多为典型调查报告，主要是推广在实践工作中比较成熟而具有指导意义的经验，以先进和典型带动一般。写好这种调查报告要善于发现、挖掘和总结典型事物，介绍做法和经验要明确具体，具有可操作性，目的在于以点带面，总结推广经验，指导全局工作。

4. 揭露问题的调查报告，针对现实中存在的或出现的，阻碍社会经济发展的带倾向性的问题或事件，用大量确凿的事实揭露问题的主要矛盾，分析问题产生的原因，反映问题的严重程度和危害性，从而达到引起人们重视，澄清事实，明辨是非、吸取教训的目标，此类报告灵活且有针对性。

5. 反映新事物的调查报告，指能够比较完整、全面地反映某一新事物产生背景、发展过程以及存在的问题，研究其性质、意义和影响，以促进其正常成长及发展。

5.1.3.7 按照呈现方式不同进行的分类

按照呈现方式不同可以分为书面调查报告和口头调查报告。

1. 书面调查报告,是多数调查报告采用的形式,即用文字描述、图表结合等表达方式,呈现分析结果和支撑资料。一般内容丰富,信息量大,论证充分,后续章节主要将针对书面调查报告展开。

2. 口头调查报告,是调查人员将调查报告结果向上级或委托者作口头陈述,帮助相关人员快速了解调查报告内容及接纳书面报告,并当场就某些问题进行及时解答,方便沟通的一种调查报告。口头调查报告要求简短,表达生动,富有感染力,需要报告者充分准备,有好的演讲口才,同时,还可以利用多媒体技术,使口头调查报告更加生动。一般建立在对书面调查报告高度概括的基础之上。

### 5.1.4 调查分析报告的作用

调查分析报告随着统计调查应用的领域和解决问题不同,其作用各异。一篇好的调查报告,能对企业的市场活动提供有效的导向作用,能对各部门管理者了解情况、分析问题、制定决策、编制计划以及科学管理等方面起到积极作用。归纳起来具体表现为以下四方面。

1. 调查分析报告是调查研究不可缺少的最终环节

一般来说,调查研究过程包括调查方案的设计、调查的组织和实施、调查数据的整理、调查数据分析以及调查报告的撰写几个过程,前三者是调查研究的基础工作,工作成果主要反映为调查的原始及加工整理的数据,但原始数据过于零散不具有规律性,整理数据则只能简单描述调查对象的外延数量特征,无法表达调查对象内涵的数量特征和本质规律。如果不对其进行深入的分析研究,就发现不了内涵的特征和本质规律,也就实现不了调查研究的真正目的。当然只进行分析研究得出结论还是不够的,最终还是要将分析和结论以调查报告的形式表述出来,从而提供给信息需求者应用。调查报告具体体现了从感性认识到理性认识的飞跃过程,与调查原始数据相比,将数字变活,使感性认识上升为理性认识,起到了透过现象看到本质的作用,便于更好地指导实践活动。如果没有调查报告,前面的工作都将是徒劳的。

2. 调查分析报告有利于数据的显示、保管和积累

由于调查单位众多,调查内容也非常多,对于这些零散的数据,不利于数据的显示、保管和积累。首先,通过这些零散的数据,发现不了任何调查对象的数

量特征，更不要说数据规律，自然就无法将调查观点等展现出来；其二，对于很多采用纸质的问卷调查来说，保管资料也很麻烦；其三，对于很多经常性调查来说，通过对不同时间的调查结果进行分析，可以得到某些数据时序变动的规律性。而调查分析报告是建立在对调查原始数据的整理分析基础上的，呈现出了原始数据无法呈现的数据特征及规律，主要以语言陈述观点和整理的图表数据支撑观点，便于读者阅读和理解，有时还可以进行时序上的比较分析。因此，调查分析报告有利于数据的显示、保管和积累。

3. 调查分析报告为科学施政和科学管理提供了重要依据

社会经济调查报告提供的全面准确的信息，为党中央和各级政府制定政策、指导社会经济工作等提供科学的依据。同样，一份好的市场调查报告，能够提供的准确的市场动态信息，为市场活动提供有效的导向，可直接为企业决策提供依据，从而促使产销供需对路，避免竞争中的风险，提高企业经营管理水平和质量。

4. 调查分析报告丰富了学术研究的内容

统计调查作为科学研究的一种重要方法，广泛应用于自然科学和人文社会科学研究的各个领域，很多时候调查分析报告，为研究人员进行相关问题分析研究提供了有力依据，为科学研究提供了宝贵的材料，从而促进了科学研究的发展。同时，很多公开发表的调查分析报告，能够为社会所用，产生良好的经济效益和社会效益。

## §5.2 写作步骤

实践证明，无论调查设计如何系统可行，样本多么具有代表性，调查实施控制得如何严格，数据整理分析多么恰当，如果最后不能够将调查资料组织成一份清晰高质量的调查分析报告，就不能够与决策者或用户进行有效的信息沟通。为了形成一份高质量的调查分析报告，调查分析报告的写作，一般都要经历选择课题、制定方案、搜集资料、整理资料、分析资料、形成观点、构造结构、组装成文、修改定稿等阶段，但总结起来也就归纳为准备调查、实施调查、分析研究和撰写报告四个阶段。

### 5.2.1 准备调查阶段——撰写调查分析报告的前提

1. 确立调查课题

确立调查课题，即选题，是调查活动的开始，是撰写调查分析报告的首要问题，就是找到要写什么的过程。如果是“命题作文”，此部分便可省略，可现实中很多时候并非如此。当开始准备调查分析报告的时候，很难确定要集中于哪一点展开，这时候需要遵循满足需求、有针对性地选择重点、热点、新点等原则，通过广泛的初步阅读，来确定调查分析报告的主题，切忌仅凭兴趣想当然，或者随大流赶潮流，或者要求过高不切实际，有时需要综合考虑。题目是纲，是方向，只有确立了调查的课题，才能够有针对性推动后续工作高效开展。

2. 制定调查方案

选题确定以后，需要制定调查的方案，具体应该包括调查主题，调查目的、内容、对象、时间、调查方式与方法、人员等。为了能够制定出切实可行具有统筹规划作用的调查方案，需要学习与调查主题相关的方针政策，熟悉背景材料；需要掌握统计调查理论，掌握与调查对象有关的业务知识；明确调查的目的，了解为什么调查、调查什么内容、具体解决什么问题等；确定调查对象，摸清向谁（填报单位）搜集谁（调查单位）的材料；明确调查方式和方法，论证用什么样的调查组织方式通过什么方法搜集数据；同时还要结合时间、经费情况确定反映调查目的的调查内容等等。只有这样才能避免盲目进行调查，提高调查的工作效率。

### 5.2.2 实施调查阶段——撰写调查分析报告的基础

不管哪种调查分析报告，基础环节都是从细致的调查研究开始的，这是调查分析报告区别于其他文体的根本特征之一。确立调查课题和制定调查方案后，接下来就需要通过实施调查，搜集相关材料。只有投入时间和精力，运用恰当的方式和科学的方法，认真搜集大量的材料，搞好调查研究，写作时才会得心应手，完成出色的调查分析报告。

俗话说“巧妇难为无米之炊”，统计调查材料好比是“米”，没有米，巧妇难为炊，没有材料，也就无法写成调查分析报告，可见统计调查材料的作用。材料有素材和题材之分，素材就是直接调查搜集的，没有经过审核、汇总等数据处理和分析的材料，一般是调查得来的原始资料，是一些表象资料；题材则是指经过数据处理分析的材料，一般是整理资料，是一些反映调查对象特征和规律的内质资料。调查实施阶段搜集来的材料正好就属于素材，当然，素材可以是调查单位的原始数据，也可以是某些鲜活的语言，或者是典型的事件等。一般而言，题材都是在对素材进行深入细致研究的基础上形成的，因此，为了写好调查分析报告，必须在调查实施阶段搜集大量反映调查目的和内容的素材资料。

### 5.2.3　分析研究阶段——撰写调查分析报告的关键

分析研究阶段，就是全面、深入、细致地分析研究调查实施阶段获取的素材资料，然后归纳和提炼出反映调查目的的各个标题观点，准确深入地认识调查对象，最终形成调查报告的主旨。这一阶段直接关系到调查分析报告的优劣成败，是撰写调查分析报告的关键。这一阶段具体工作包括审核材料、整理材料和分析提炼材料三个过程。

第一，审核材料是应用一定的审核规则，对调查实施阶段获取的素材，来辨别数据的缺失、无效或不一致等，一般通过计算检查和逻辑检查等方法来审核素材的准确性、完整性和一致性，力求“去伪存真”。

第二，整理材料是运用各种数据分析技术对素材进行汇总和显示等，由表述各个调查单位的表象素材汇总整理成反映调查对象整体的本质题材。只有对大量的调查材料进行去粗取精、去伪存真、由此及彼、由表及里辨别和分析，才能准确把握其内涵，提炼出正确的观点。调查材料必须要充分，这样才能从中提取有代表性的且具有说服力的材料，来说明支撑观点。

第三，分析提炼材料是对上述整理材料进行由表及里、由浅入深地分析研究，提炼出反映事物本质规律的观点，将材料变活，具体去反映情况或说明问题等，这样才能发挥材料应有的价值。

### 5.2.4　撰写报告阶段——撰写调查分析报告的实施

撰写调查分析报告就是要围绕主题，对所掌握的材料进行选择和取舍。将那些最能说明问题、最为典型、最能表现主题的材料，有机地组织在调查报告中，使之既能够充分展示调查报告的客观内容，又能揭示出深刻的主观思想。此外，还要把研究这些材料所得出的具体认识或经验教训写出来。

首先,应该构思调查报告的结构。在明确调查目的的基础上,通过实施调查获得的材料,再次认识调查对象,对分析研究阶段提炼的调查报告各个标题,按照一定的顺序呈现出来,这就是拟订调查报告的框架的工作,以便在具体写作调查报告中脉络分明,条理清晰。

其次,选择组织说明观点的支撑材料,形成初稿,可以形象地表述为“把血肉放到骨架上”。在调查分析报告框架的每部分中,有的先提出观点,然后叙述材料;有的先叙述材料,后概括观点;还有的在叙述材料的过程中体现观点。不管哪种方式都应该做到材料和观点统一。如何才能做到恰当应用材料说明观点呢,下面借鉴刘葆金老师的几种方法。

1. 用典型材料说明观点。用材料说明观点,材料不一定很多,但必须是典型的。典型材料具有一定的代表性,一般都比较完整。运用这种材料,可以独立地、较充分地说明一个相应的观点。在表达方式上,可以做详细叙述,也可以做概括叙述,无论采用哪种方式,都要以阐明观点为目的。

2. 用对比材料说明观点。比较法是调查报告说明观点常用的一种方法,它具有很强的说服力,可以把观点阐述得更加深刻。当某事物不能充分说明问题时,把它同另一事物联系起来,两两相比,相得益彰,才能分高下、见优劣,从而说明观点。运用对比材料,可以采用今昔对比、内外对比、好坏对比、正反对比、成败对比、数学对比等方式,以使观点更加鲜明突出,增强说服力。

3. 用统计数字说明观点。调查报告中常常运用统计数字来说明观点。要说明事物的性质,就不能不注意决定事物质量的数量界限。调查报告中普遍运用绝对数、相对数和平均数来反映调查对象的数量特征、数量关系和数量规律。对数字的运用,必须反复核对,准确可靠,做到恰到好处。这样,才能揭示事物的本质特征和客观规律,才能增强调查报告的科学性和说服力。

4. 用综合材料与典型材料相结合说明观点。这是调查报告写作时最常用的一种方法。为了说明一个观点,往往要对总的情况或同类情况做综合性概述,然后,再举一两个具体事例,以证明这一类情况是有坚实基础的。这种方式,既可以使人了解一般情况,又能看到具体情况,全面而不抽象,具体而不单调,见树见林,能充分说明观点。

5. 用形象语言或事件支撑观点。在许多调查报告中,常常在阐述的关键之处,使用生动、形象、简洁、利落的群众语言深入浅出地对所论事物做出评价,或揭示事物本质特征，或概括说明一个观点，能够起到画龙点睛的作用。采用这种方式，不仅能够把问题阐述得更加鲜明深刻，通俗易懂，而且也大大增强了调查报告在阐述观点时的科学性和生动性。

最后，修改形成定稿。在初稿的基础上征求意见，最后予以定稿。如何将一块灰暗的石头（初稿）变成一块耀眼生辉的宝石（定稿），主要的工作包括给粗略的初稿润色、排版和检查修改语法和句式等。比如，检查思路是否清晰，部分间过渡是否合适，观点和论证材料是否恰当，句子的长度和句式是否单调乏味，是否有错误词语和语法等，最后，形成比较完美的调查分析报告。

## §5.3　格式及写法

### 5.3.1　调查分析报告的结构

统计调查是认识和研究事物的一种基本方法，可以应用于社会、经济、政治等各个领域，不同调查目的和内容又可以形成不同的调查报告，结构没有固定格式。总的来说，不论应用领域、调查目的、内容等如何，调查分析报告由主题、摘要、目录、正文、落款和附录六部分构成，其中主题、正文和落款是必不可少的基本结构。

#### 5.3.1.1　主题与标题

主题是调查分析报告的眼睛，是其内容的高度提炼和升华，要做到“文如其名”，起到画龙点睛之妙。根据调查目的、调查内容、观点等精心拟订调查报告的标题，使之与研究问题相符且醒目，突出中心内容。俗话说“题好一半文”，或揭示行文主旨，或概括全文内容，或引发读者兴趣，或提示读者注意等。主题按照表现的内容可以分为直叙式主题、公文式主题、提问式主题和新闻式主题，按照表现形式又可以分为单主题和双主题。

一般而言，单主题写法不一，多采用直叙式主题、公文式主题和提问式主题。而双主题多为正副式主题，采用新闻式主题。正题虚写，概括事由或揭示主旨或列出观点或引起读者注意；副题实写，作为正主题的有益补充，指明调查目的、对象、范围等。值得注意的是，尽管主题形式不一，主题中的调查范围、文种可以省略，但调查对象和调查目的一般不能省掉。如《你还贷款了吗？——

大学生助学贷款调查》《当少年陷入网络——2005中国青少年网瘾调查报告》等。

1. 直叙式主题，即题文相符，使人读其题明其意，一般文种不出现。或直接点明报告的主要内容，如《中国公众统计素养现状》；或直接表明作者的观点和看法，或对事物做出判断、评价，如《大学生诚信亟需提高》等。

2. 公文式主题，一般由调查对象、调查目的(事由)和文种组成，使人读其题即可了解调查对象和内容，在实际运用中有时以“调查”或“调查报告”构成文种的代称，如《成都市卷烟市场零售商满意度调查报告》，有时则以“关于……调查”或“关于……调查报告”构成文种，如《关于党风廉政建设的调查》等。

3. 提问式主题，通过设问、反问等形式，表明问题焦点，引起读者的注意力和阅读欲望，促使读者思考，急于得到问题答案，而报告的正文等就是这个问题的回答，比如《劳动力资源过剩吗?》等。

4. 新闻式主题，一般采用双主题形式，正主题以具有新闻报道性的语言陈述，引起读者的注意，副主题则以直叙式主题或公文式主题呈现，如《当少年陷入网络——2005中国青少年网瘾调查报告》。

标题则是报告主题的分支，二者就像树干与树主支一样，树干产生的众多分支，就是标题，其将构成调查分析报告正文部分，也是调查分析报告目录的核心构成。标题就是由调查分析报告中不同的观点构成，一般是在分析调查资料的基础上并总结提出的一个主要观点，不能太宽泛，也不能不证自明。如果太宽泛，则需要论证证明的内容过多，就会缺乏针对性；如果标题不证自明，读者会认为你的报告没有价值，是浪费时间；标题观点最好是语法正确的一个陈述句，表述简单确切，且高度概括，不能是半句或问句等，要观点清晰，不能模棱两可，同时要包含某种判断，且能够找到相应的支撑论据。

如何提炼出标题呢，第一种方式是提出你的疑问或好奇点，然后对其做答，答案就构成了标题，比如“我国青少年网瘾比例为13.2%”；第二种是通过进行假设，发现原因和结果，将原因和结果陈述出来形成观点，比如“就业观念偏差导致了大学毕业生摩擦性失业”；第三种是进行提议，很多是用在结尾部分，尤其是建议和对策或者号召，比如“加强统计科普宣传，进一步提升统计人员的统计基础知识”；第四种是研究相互关系，常与假设结合应用，通过验证几个变量间是否相互独立的假设，变量间如果不独立，则分析相互的相关程度，比如“男性网瘾比例高于女性”。

5.3.1.2 摘要

摘要是调查分析报告全文的浓缩，可以弥补主题的不足，能够尽快让读者了解调查报告的全貌，即对为什么进行调查、调查什么、怎么调查、要达到什么目的等做一个简要概括。具体一般包括简要说明调查意义和目的，使读者了解“为什么”写这个调查报告；简要介绍调查的对象、范围、时间、地点、内容，使读者了解到调查的基本情况；简要交代调查的组织方式和方法，使读者确信调查结果的可靠度；简要地总结调查的主要观点或者只说明要达到的目的，使读者大致了解调查的主要结论或者要解决的问题。

摘要力求简短，语句要精练，高度概括。从工作程序上往往是在最后完成的，且往往比较简短。对于时间有限的人来说，通过摘要可以了解调查报告的全貌，同时由于摘要只列出了主要观点没有论证论据部分，或者只是说明所要达到的目的或要解决的问题，这样可以引起读者的阅读兴趣。

5.3.1.3 目录

如上面标题的介绍，目录是调查分析报告各项内容的一个完整一览表，具体包括了正文中的所有各级标题，以及对应内容所处的页码，一般通过索引各个标题生成大纲目录实现。只有当调查分析报告达到一定篇幅的时候，为了方便阅读和查找，才需要设计目录，有一些调查内容少的调查分析报告根本没有必要设计目录。

5.3.1.4 正文

调查分析报告的正文就像馅儿饼一样，基本结构相同，都是由上下两个面片和中间各种馅儿构成，不同的馅儿形成了不同的调查分析报告，即正文一般由引言、主体和结尾三部分内容构成，两个面片分别是引言和结尾，中间各种馅儿则是主体。

1. 引言

“万事开头难”，引言是调查分析报告的开头，又叫导语或前言，是邀请读者阅读的论述。具有引领全文，引导读者快速阅读的重要作用。好的引言或为试图证明的论点及支持观点，或为一种试图检验的假说，或为趣闻或一些有趣的事实，还可以是交代调查背景、意义、目的等调查的基本情况。引言虽不是调查分析报告的主要内容，却是其不可或缺的一部分。如果报告很长，引言可以由几段组成;如果报告很短,则可以是一段。

引言的写法比较灵活,要求内容不应过多,且表述概括、简洁、紧扣主题,根据主题的表达、内容的安排和不同报告类型的需要千差万别,常见的类型有以下几种。

(1)交代情况。交代调查的基本情况,然后在后续部分详细分析,这是调查分析报告最常用的一种引言。一般真实地反映调查的背景、调查人员、调查方式和方法等基本情况,使读者对调查先有一个感性的认识,也可以通过这部分了解调查设计、组织,从而帮助读者判断调查的质量。然后引出具体分析和结论等部分。

如《当少年陷入网络——2005中国青少年网瘾调查报告》的开头:“青少年已经成为网民的重要组成部分,网络在促进青少年快速成长发展的同时,也给他们带来了诸多不良影响,其中网瘾问题已引起社会各界的高度关注。为适应信息网络时代的新形势,引导和帮助广大青少年正确使用网络、树立健康上网理念和有效戒除网络成瘾,中国青少年网络协会于2005年暑假期间在全国范围内启动了一次全面、深入的青少年网瘾调查行动。

本次调查具体由中国青少年网络协会组织实施,由中国传媒大学调查统计研究所负责数据处理和报告撰写工作。调查历时一个多月,涉及中国大陆地区除西藏以外的30个省(自治区、直辖市),采用实地调查和网络调查两种方式,实地调查共回收有效问卷15023份,网络调查回收有效问卷7519份。调查主要通过网瘾、网瘾程度与网瘾倾向和上网目的特征与网上活动丰富性五项指标对我国青少年使用网络情况进行考察。”

(2)概述内容。文章开始紧扣主题,交代调查的目的和内容。如《基层统计人员统计素养一瞥》是这样开头的:“本次调查是在2008年完成全国统计科学研究(计划)项目(2006年)——《中国公众统计素养问题研究》课题的基础上进行的,不是以中国公众为对象,而是以中国统计人员为对象,通过调查分析中国统计人员统计素养的现状,提出进一步提升统计人员统计素养的建议。”

(3)点明结论。就是先将调查结论写出来,然后逐步论证。这种开头形式观点明确,使人一目了然。如在《2009年北京高校大学生信用卡使用状况调查报告》的开头部分这样写道:“从大学生信用卡的产生来看,这是市场发展的必然结果。一方面,银行为了拓宽自己的业务渠道,扩大自己的市场份额,提升自己的竞争力，必然要不断开拓未开发的市场，而大学生市场正是银行开发市场的目标之一。另一方面，大学生群体有着较高的购买力，市场潜力大，且大学生比较乐于接受新事物。

经过初步分析发现，目前大学生信用卡市场存在如下一些问题：违约率偏高；睡眠卡比例很高，浪费相关资源；相关部门没有进行有效的监管等。这些问题都需要在今后的发展中通过多方努力来解决。”

(4)问题引题。以提问的方式引起读者注意，然后用事实做出明确回答。如在《薪酬，如何不“心愁”？——太和顾问 2010 薪酬调查报告解析》的开头这样写道：“2010 年全国薪酬整体状况如何？2011 年的薪酬会是怎样的发展趋势？……对企业来说，薪酬成为成本与效率之间的博弈战，企业如何降低成本？高成本下如何提高效率？对企业的 HR 来说，如何为企业降低人力资源成本？怎样制定更具竞争力的薪酬？希望本期的薪酬调查报告能为企业及 HR 提供一些有价值的参考。”

2. 主体

主体是正文的核心部分，是调查分析报告的关键所在，是引言的展开深入，也是结尾的依据所在。主要任务是用各种事实材料反映调查研究的结果，用材料支撑报告观点，做到观点与材料相统一。该部分的内容因调查分析报告的种类的不同而各有侧重。如：反映一般情况的调查报告，介绍一般情况，或分析出问题来解决，或反映成绩来发扬，或发现规律来应用等；总结经验的调查报告，首先提出主要经验，具体做法，应用条件等，然后达到带动一般的作用；揭露问题的调查报告，首先写出主要问题，分析产生问题的原因，最后提出解决问题的办法。

主体部分应该包括两个基本方面的内容，一是调查的事实，也就是调查研究的材料，一般以统计表或统计图表示。二是观点和结论，也就是对主要材料所作的分析、评论，以及看法、主张。在写作上，则要求叙议结合，以事实说明问题，用事实材料证明观点，作到材料与观点的有机统一。主体没有固定不变的格式，需要根据报告的类型、内容和写作目的等方面适当安排。要如何才能做到结构合理、层次清晰，下面介绍几种常见的安排方式。

(1)纵式结构。又称顺序结构，通常根据调查顺序或事物发展变化过程或材料内容的逻辑关系，层层递进地进行组织。按照提出问题、分析问题、解决问题顺序，比如《基层统计人员统计素养一瞥》中，首先介绍了引言和基本情况，其次进行了统计人员统计素养的现状分析，最后提出提高统计人员统计素养的建议；又如总分式进行分析，比如《中国公众统计素养现状》中，首先进行“公众统计素养现状总体分析”，然后进行“公众统计知识素养和能力素养分析”。

(2)横式结构。又称并列结构，通常是对具有并列关系内容的组织。很多调查涉及的内容众多，因此需要分为几个部分、几个方面、几个角度等，并列进行分析阐述，通常以不同级别的标题来表述。比如总分结构中的分列部分，一个总标题，下设几个并列的标题支撑总标题。同样以《中国公众统计素养现状》为例，公众统计知识素养和能力素养分析就是两个并列的横式结构，又如在进行统计知识素养分析中，又从统计基本术语、统计指标、统计教育体系、统计法四个角度进行的并列分析。

(3)交错结构，就是纵式结构和横式结构交错在一起，相互融合，可以是大纵小横，也可以是大横小纵。一般适用于内容多、篇幅长的调查报告。比如上文讲的《中国公众统计素养现状》，又如《农民工社会保障和就业培训状况调查研究》，就是采用大纵小横的方式。大纵就是按照分析问题、发现问题、解决问题的总体顺序安排，在调查样本和基本结构中阐述了“参与社会保险的基本状况和原因、政府就业培训参与状况”，然后，提出“提高农民工社会保障覆盖率和促进职业培训的对策”。小横则在“参与社会保险的基本状况和原因”中并列体现为“养老保险、医疗保险、工伤保险、失业保险、生育保险的参与状况”，小横又在“提高农民工社会保障覆盖率和促进职业培训的对策”中体现为五点。

3. 结尾

结尾，是调查分析报告的落脚点，住住与引言相呼应，起到收尾、总结全文的作用。写法不一，有的概括全文，经过分析后，综合说明报告的主要观点，深化文章的主题；有的形成结论，在对真实资料进行深人细致的科学分析基础上，得出报告结论；有的提出对策、建议，引人注意，通过分析形成对事物的看法，在此基础上提出建议；有的展望未来，指明方向，发出号召；有的提出新问题，引人深思。

当然有的调查分析报告可能几种结合，还有一些调查分析报告没有单独的结尾部分，在主体部分简单交代一些就结束全文。现实中，最常见的就是提出对策和建议的这一种，对此必须特别重视。撰写的时候要注意以下三点：首先，建议的内容既不能与主体部分的内容重复，又要密切相关，必须是建立在主体分析的基础上。其次，既要有一定的作用和价值，又要切实中肯，具有可行性。最后，既要全面考虑，又要突出重点，对症下药，具有针对性。

总之，调查分析报告的正文部分，是对调查资料进行质和量分析的过程，要对问题进行了解、说明和解决，具体在报告中就是要有情况，有分析，有建议，做到既要有骨头又要血肉，要求（骨头）观点鲜明，（血肉）材料翔实，二者不能脱离。

5.3.1.5 落款

正文结束后，可以在其右下方交代调查研究的机构名称，或者调查组织单位的名称，或者调查项目的负责人，或者调查项目组的成员，或者调查报告的完成时间，或者几者一起。需要说明的是，有时候大型的调查分析报告，需要单独的主题页，此时在主题页右下方可以呈现署名、时间等内容，落款则可省略。

5.3.1.6 附录

附录是前面正文未包括但又需要补充说明的部分。比如调查方案、调查问卷、原始数据、复杂的整理数据、参考文献等，帮助读者更好地了解数据来源，明了某些结论的支撑材料。附录可长可短，有时没有，但总体上作为正文的补充，不能过长。

### 5.3.2 调查分析报告的写作技巧

调查分析报告是一种叙议结合的文体，或先叙后议，或先议后叙，或夹叙夹议，叙述是摆事实，议论是讲道理。叙述是议论的基础，议论是叙述的升华，二者相辅相成，相得益彰。除了叙述和议论这两种表达方式，一般还会用到说明这种表达方式。下面结合调查分析报告不同部分来简单介绍一下各种表达方式的应用技巧。

1. 叙述技巧

叙述，是对调查的组织实施或调查对象的基本情况和发展变化过程以及各方面情况所作的交代和陈述，是应用文中使用频率最高的一种表达方式。叙述主要用于调查分析报告的引言部分，表明调查的目的、调查过程和结果。此外，在主体部分也要叙述调查的事实。常用的叙述技巧有：顺叙、详叙、略叙、倒叙直叙、借叙等，下面主要介绍几个常用的叙述技巧。

顺叙，对调查对象按照时间、逻辑或其他自然顺序进行叙述，清晰地反映调查对象的各方面特征或规律等。比如主体中纵向结构的叙述就是应用的顺叙手法，反映事物的来龙去脉，便于读者阅读理解。

详叙，是指集中笔墨，对调查对象具体详尽的叙述，即细致、全面地反映问题，使人洞察细致，了解详细情况。一般对于重点、关键材料采用详述，比如对于典型事实的叙述就应采用详叙手法，全面而具体地反映问题，使调查分析报告观点的形成合情合理，具有坚实的基础。

略叙，很多称之为概叙，是指概括、简要地叙述。即简洁、粗略地介绍情况，给人一个总体全面的印象。对一般材料常用略叙，引言部分也常用略叙，比如交代情况、概述内容及点明结论。

另外，直叙是对调查对象做正面的叙述，与借叙相反，倒叙则与顺叙相反。

2. 说明技巧

说明是对调查对象加以解释和介绍，用平实的语言把他们的有关情况解说清楚的表达方式。调查分析报告中，一般以言简意赅、通俗易懂、客观准确的语言，结合数字和图表材料的方式，说明客观事实。尤其是数据材料较多，用语言较难表述清楚时，用图表显示更加直观清晰，起到语言所不能起到的效果。常用的说明技巧有数字说明和举例说明。

数字说明，顾名思义就是利用数字进行，一般在报告中常常采用对比、分类等方式，对杂乱无章的数据进行显示，对分类或对比的数据进行数字说明，可以使得论证更加有力。另外，举例说明则是指利用典型事例说明，比如叙述典型事例后，对其进行分析说明，来论证支持观点。

3. 议论技巧

议论是对调查对象的特征进行分析推断，评说是非，阐发道理，表达观点主张的主要手段，一段完整的议论要有论点、论据和论证，三要素缺一不可。

论点是调查分析报告所要表达的观点和看法，包括中心论点和分论点，具体表述为正文部分的各级标题。中心论点是对调查对象的基本意见和总的看法，在文中处于统帅地位，分论点是阐发中心论点的各个小观点，从属于中心论点，往往也是中心论点的依据，又是各层次的主旨，一般以判断形式和简洁的“标题句”形式出现。

论据是说明支持论点的依据，是论点成立的前提基础。调查分析报告中，论据可以是概括的事实材料，也可以是具体的典型事例，还可以是理论依据，更常见的是统计数字和图表。

论证是用论据说明论点、阐发道理的过程，是“论点”与“论据”的联系纽带。论证的目的在于揭示“论点”与“论据”之间的内在逻辑性。没有论证，论点和论据相互游离，孤立存在，报告议论则零散无力。

常用的议论技巧有归纳论证和局部论证等方式。前者一般常见于调查分析报告的整体部分，比如主题是通过各个标题去论证的，或者是一个标题又是通过几个下级小标题论证的；后者则是具体指每个小方面，一般是运用大量数字、具体事例等材料，去验证其观点，形成局部论证。

4. 语言运用技巧

语言运用技巧包括用词技巧和句式技巧。用词方面数词和介词用得较多，且用词规范专业。首先，调查分析报告的最大的特点就是离不开数字，报告中绝大部分的说明论证是通过数字来进行的。其次，调查分析报告中还经常用到“从、对于、根据、为”等介词。另外，不同领域的调查分析报告，要求使用不同的专业术语。同时，用句式方面，调查分析报告常用陈述句，或陈述观点，或陈述事实材料，或陈述对策和建议等。

## §5.4　注意事项

调查分析报告的写作除了要符合一般应用文写作的要求，如主题突出，结构严谨，内容充实，语言简练外，有一些特有的注意事项，正所谓“有所为，有所不为”。下面将详细介绍几点“有所为”和“有所不为”。

### 5.4.1　“有所为”——必须做到的事项

1. 深入实际调查，大量掌握一手的素材

调查分析报告是根据调查研究得到的各种材料写出来的一种应用文体，因此，撰写调查分析报告之前，要在目的明确的情况下，深入实际，采用切实可行的调查方法搜集大量、真实、典型、可靠的第一手素材，丰富的调查资料是写好调查分析报告的前提基础。

2. 认真分析材料，尽量挖掘规律和提炼观点

调查分析报告写作，不仅要对调查的素材进行整理、筛选，更重要的是要对材料进行“由表及里、深入浅出”的分析研究，反映认识问题的同时揭示事物的本质，概括出调查结论，提炼出调查的标题。一份调查分析报告能否揭示事物发展的必然规律和本质的特征，是衡量调查报告优劣的标准，如果调查分析报告只反映问题，没有分析，不能提炼出一些观点，那么报告将黯然失色。

3. 恰当运用材料，充分支撑观点

任何一个调查分析报告，都是以充分、确凿的事实为依据，通过具体的数字、情况、做法、经验来证明观点。材料与观点相辅相成，观点来自于材料，材料提炼出观点。言必有据，形成观点必须以充分的材料作为基础，才能言之成理，令人信服。材料不但要充分、准确，还要恰当运用，数据具有较强的概括力，要活用数据，让数据说话，只有这样才能真正做到把观点与材料统一起来，形成一篇有数据、有分析、有结论且紧密结合的调查分析报告。

4. 熟悉调查业务，全面剖析主题

写好调查分析报告，除了要有准确的数据材料、严密的论证以外，还必须熟悉调查领域的业务，熟悉相关社会经济情况，了解国家方针政策等，只有这样，才能对问题剖析得更加全面透彻。

5. 坚持务实原则，做到“不唯上，不唯书，只唯实”

调查分析报告最基本的特点就是尊重客观实际，用事实说话。在撰写过程中，要排除自我主观意见和外界的各种干扰，不能带有撰写人的主观愿望，更不能掺杂虚假成分，要始终遵循事物的本质和规律，坚持实事求是的原则，客观公正地去说明和分析问题。

6. 省略主体叙述、说明和议论，保证报告公正性

撰写调查分析报告的主体一般是组织调查研究的机构，为行文简便及保证调查研究机构的客观中立角色，增加报告的权威和专业特色，一般多使用“调查显示”“根据调查”“从调查可以看出”等词语，避免使用“我们”“作者”或调查机构的名称做主语。

7. 正确选用方法，注意与不同类型数据相符

“言必有据”，要形成正确的观点，就需要恰当的统计图表等作为论据，而统计图表等题材的形成，需要对调查的素材进行整理才能显示出来。因此，恰当

论据的形成关键需要运用正确的分析方法，一般而言，定类变量和定序变量不能进行四则运算；定距变量只能进行加减运算，不能进行乘除；定比变量则四则运算都可以。因此，在进行数据分析时，要特别注意选择数据适合的分析方法，否则“皮之不存，毛将焉附”。

### 5.4.2 “有所不为”——绝对不能做的事项

1. 不能只道听途说，不加核实

一切从实际出发，具体问题具体分析，是撰写调查分析报告的基本原则。调查分析报告的根基是深入细致的调查研究活动，可以说，深入实际调查，取得第一手真实材料，是写好调查报告的基础和前提。调查报告必须以调查对象的事实为依据，用事实说话。要求搜集的资料、数据要真实可靠，整理分析的方法要科学，绝对不能听风就是雨，或主观臆造或弄虚造假。尤其是报告中引用他人材料时，一定要加以注释。这样首先表示对他人研究成果的尊重，另外可以使读者查证材料的出处。

2. 不能只堆砌材料，不作分析

撰写调查分析报告之前，搜集材料是越多越好。但在写作时，对调查得来的材料必须进行仔细筛选，认真分析，深入研究，不能只是一味地将相关的材料罗列堆砌在一起，不加任何梳理、选择和提炼，停留在表面就事论事，表面介绍多，深入剖析少。这样的报告观点不清、深度不够、杂乱无章、详略不当、缺乏系统性。因此，一定要紧紧围绕主题深入分析，同时精选、提炼并合理安排材料，才能使报告有事实、有观点、更具说服力。

3. 不能只空发议论，不叙述说明

调查分析报告是叙议结合的一种应用文体，不能只空发议论，不叙述说明，当然也不能只叙述说明，不加任何议论。报告中缺少不了议论，但必须是针对调查得来的材料而议论。没有事实材料为依据的议论，就是空发议论，犹如无源之水，无法说服读者。

4. 不能先形成观点，后进行调查

调查分析报告，就是要先调查，在调查研究的基础形成报告。调查是报告的基础，报告是调查的反映；调查是报告的依据，报告是调查的体现。因此，不进行调查研究，就不可能写出报告。报告是对调查对象的客观描述，一切观点结论都必须建立在对调查资料的分析研究基础上，而不能先定好观点结论，再去寻找支撑的论据。如果“观点先行”，那么调查就不可能做到客观公正，会导致看不到事物真实的本质，为了寻找支撑材料而犯错。

5. 不能以偏概全，应深入全面

无论是经验和成绩，还是问题和教训，都应当注意坚持用辩证的观点全面地去分析和总结，既能看到经验中的不足，也能看到教训中的优势。以偏概全是撰写调查分析报告时很容易犯的毛病。在调查阶段，如果调查不够深入全面，所得到的材料在数量上、质量上就达不到要求，只是收集一些少量的、片面的、表面的、现象的材料就停止了调查；在分析研究阶段，如果分析不够透彻，浅尝辄止，没有能寻找出材料之间内在的本质的联系，就只会看到一些属于表象的、肤浅的东西而匆忙下结论。这样撰写调查分析报告，往往会出现以偏概全的情况。

6. 不能夸大虚构，一定要客观真实

调查报告在表述上要严肃认真，一丝不苟。叙事要实事求是，严格按照客观事实的原貌叙述；论理要恰如其分，结论必须源于实际的调查研究，观点必须有恰当的材料支撑。在写作过程中，对客观事实不能随意夸大和虚构，切忌抒情、形容和夸张手法，绝不能借题发挥，把臆想虚构的非事实写进报告。当然，为了说明问题，可以适当引用一些形象的口语，或对调查对象进行适当的描写，以增强文章的感染力。同时可以使用统计图表，结合文字做到图文并茂。

## §5.5 例文评析

### 5.5.1 例文

#### 中国农民工最新情况调查报告

简新华　黄锟

（武汉大学经济发展研究中心，湖北武汉 430072）

**摘要**　《国务院关于解决农民工问题的若干意见》实施1年以来，农民工的状况得到有效的改善，特别是工资收入有了明显的提高，月均工资比2004年增加625元，拖欠问题有所缓解，政府给农民工提供的服务有所加强。但是农民工收入低、处境困难等基本问题还没有得到根本改变，尤其是农民工比较强烈的市民化愿望也远远没有实现。所以必须在进一步落实各项解决农民工问题的政策的同时，还需要进行制度创新，加大相关投入，逐步消除农民工市民化的制度障碍和资金困难，从根本上解决农民工问题。

**关键词** 农民工；市民化；最新情况；调查报告

**中图分类号** D4；F325 **文献标识码 A**

**文章编号** 1002－2104(2007)06－0001－06

农民工是中国工业化、城市化与农村人口非农化没有同步发展的历史条件下产生的一个独特的社会群体[1]。根据国务院研究室课题组[2]的估算，2004 年进城务工的农民工数量为 1.2 亿，加上在乡镇企业就业的农民工，全国农民工总数大约为 2 亿多人，成为仅次于农民而多于城市工人的第二大劳动力群体。尽管农民工群体为城市乃至整个国民经济发展作出了巨大贡献，但一直受到不合理的待遇，存在各种问题，成为社会普遍关注的“弱势群体”。为了解决农民工问题，政府在近几年陆续出台了一系列的文件规定、方针政策，设立了维护农民工权益和改善农民工生存状况的组织和机构，加强了对农民工问题的治理。2006 年 3 月国务院出台了《国务院关于解决农民工问题的若干意见》(以下简称《国务院意见》)，这是国务院首份关于农民工问题的综合性文件。《国务院意见》将解决农民工问题提升到“事关我国经济和社会发展全局”和“建设中国特色社会主义的战略任务”的高度，明确了做好农民工工作的指导思想和基本原则，比较全面地提出了解决农民工诸问题的思路、任务和具体措施。一年来，《国务院意见》的实施效果如何？农民工的生存状况发生了哪些变化？产生这些变化的原因是什么？还有哪些问题需要解决？怎样进一步解决这些问题？带着这些问题，2007 年 2～3 月，武汉大学农民工问题研究课题组在武汉、广州、深圳、东莞和湖北省、河南省等部分农村进行了一次农民工最新情况的调查。调查共发放问卷 1000 份，收回问卷 812 份，有效问卷 765 份，接受调查的农民工的就业地分布在 19 个省市、输出地分布在28个省市，涉及农民工的各种问题81个。以期通过调查获得的数据与国务院研究室课题组《中国农民工调研报告》中的调查数据和《中国统计年鉴》、《中国劳动统计年鉴》中的相关数据以及武汉大学经济研究所2005年的调查数据进行比较，分析农民工的生存状况及其变化，以及导致这些变化的原因，对《国务院意见》的实施效果做出评价，并提出需要进一步解决的问题和政策建议。

## 1 农民工群体的基本状况及其变化

### 1.1 农民工的平均年龄略有增加，仍以青壮年为主

在763个样本中，平均年龄为33岁，其中16～25岁的占28.8%，26～30岁的占12.3%，31～40岁的占31.4%，41岁以上的占27.5%。与2004年相比[2]，农民工的平均年龄提高了4岁，30岁以下的农民工比重下降了近20个百分点，而40岁以上的农民工比重增加了近12个百分点。从性别结构看，女性农民工的平均年龄低于男性。女性农民工的平均年龄为31岁，30岁以下的占53.8%；男性农民工的平均年龄为34岁，30岁以下的占38.5%。

### 1.2 农民工的文化程度有所提高，但仍然偏低

从文化程度看，2007年初，文盲/半文盲占3.3%，小学文化程度占16.6%，初中文化程度占59.6%，高中/中专文化程度占18.8%，大专以上文化程度占0.7%。与2004年国家统计局农调队的调查数据相比，初中及以下文化程度所占比重由83%下降到80.5%，高中及以上文化程度所占比重由17%上升到19.5%。农民工的文化程度虽然有所提高，但仍然偏低。在本次调查中，农民工的平均文化程度为8.7年，初中及以下文化程度的比重仍高达80.5%。在对"阻碍你外出打工的主要原因"的回答中，16.4%的农民工认为"文化程度太低"是最主要的障碍，这在所有选项中是最高的。

### 1.3 农民工从事的行业部门有所扩大，但仍以制造业、建筑业为主

调查显示，农民工的就业部门分布于国民经济的几乎所有部门，

但是农民工的就业部门仍然比较集中。在720个样本中，从事制造业和建筑业的农民工人数最多，分别占42.1%和36.7%，二者共占78.8%，其次依次是社会服务业占6.4%，批发零售业占4.4%，住宿餐饮业占3.8%，采矿业占2.2%，交通运输、仓储和邮政业占0.8%，其他行业占2.4%。与2004年国家统计局农调队的调查数据相比，从事制造业和建筑业的农民工比重逐年上升，且上升幅度也逐年加大。从事制造业的农民工2002年占22%，2003年占25.2%，2004年占30.3%，2007年初达到42.1%；从事建筑业的农民工2002年占16.6%，2003年占16.8%，2004年占22.9%，2007年初达到36.7%。

**1.4 农民工家庭务工收入增加，经济状况得到改善，但大部分农民工认为他们在打工地的经济地位仍然不高**

（鉴于篇幅原因，节选部分，后文省略）

本文来源于《中国人口·资源与环境》2007年第6期：1—6页。

### 5.5.2 评析

这是一篇研究新问题的专题调查分析报告，综合了描述性、因果性和预测性调查报告，主要针对农民工这一特殊群体进行，以定量分析为主，也进行了定性分析，采用了公文式的单主题形式。摘要采取简要地总结调查的主要观点，发现存在的问题，然后提出对策和建议的形式，比较精辟地概括了全文的结构和内容。

引言结合应用了交代情况、问题引题和概述内容三种情况，即："农民工是中国工业化、城市化与农村人口非农化没有同步发展的历史条件下产生的一个独特的社会群体。……比较全面地提出了解决农民工诸问题的思路、任务和具体措施。"**——介绍调查背景**

"一年来，《国务院意见》的实施效果如何？农民工的生存状况发生了哪些变化？产生这些变化的原因是什么？还有哪些问题需要解决？怎样进一步解决这些问题？"**——问题引题**

"带着这些问题，2007年2～3月，武汉大学农民工问题研究课题组在武汉、广州、深圳、东莞和湖北省、河南省等部分农村进行了一次农民工最新情况的调查。……涉及农民工的各种问题81个。”**——交代情况**

“以期通过调查获得的数据与国务院研究室课题组《中国农民工调研报告》中的调查数据……，对《国务院意见》的实施效果做出评价，并提出需要进一步解决的问题和政策建议。”**——概述内容。**

主体部分则采用大纵小横的方式。大纵就是按照分析问题、发现问题、解决问题的总体顺序安排。具体表现为四部分，即“1.农民工群体的基本状况及其变化，2.农民工生存状况的积极变化和存在问题，3.农民工新情况的原因分析，4.解决农民工问题的对策建议”；小横则是针对某一部分再分为几个并列的小部分阐述。在“1.农民工群体的基本状况及其变化”中就采用了小横结构，具体表现为并列的五部分，即“1.1农民工的平均年龄略有增加，仍以青壮年为主；1.2农民工的文化程度有所提高，但仍然偏低；1.3农民工从事的行业部门有所扩大，但仍以制造业、建筑业为主；1.4农民工家庭务工收入增加，经济状况得到改善，但大部分农民工认为他们在打工地的经济地位仍然不高；1.5东部地区仍然是农民工的主要输入地，但在中部地区就业的农民工数量增加，跨省、跨地区就业的农民工比重下降”；同样，在“2.农民工生存状况的积极变化和存在问题”中也采用了小横结构，使用了七个并列的标题加以阐述，即“2.1农民工的工资有了较大幅度的提高，但工资水平仍然明显低于全国平均水平；2.2工资拖欠问题有所缓解，但一些行业和地区工资拖欠问题依然严峻；2.3政府提供的就业服务有所改善，但大部分农民工获取工作信息和工作的途径仍然以非正式途径为主；2.4农民工超时加班现象依然严重，大部分农民工享受不到法定休息日；2.5虽然农民工对企业和工种岗位的满意度较高，但农民工的社会满意度较低；2.6农民工参加社会保障的意愿和实际参保率有所提高，但仍存在许多制约因素；2.7尽管大部分农民工愿意市民化，但他们融入城市仍存在很大的障碍和困难”。

结尾部分采用的是对策建议形式，结合分析首先介绍了落实各项解决农民工问题的政策，并提出最终解决农民工问题的根本途径是农民工市民化等内容。

报告以分析论证的方面作为一级标题，以具体的观点结论作为二级小标题，建立比较清晰的框架结构。报告从第三方的角度，运用了大量的“调查显示”“而”“虽然”“但(是)”等词语，使调查报告非常连贯。同时，各个二级标题均以陈述句的形式呈现了观点结论。报告每个二级标题下，以调查数据为基础，利用恰当的数表，采用（相对数、平均数）描述、（不同时间）对比等叙述说明方法，进行分析论证，支撑标题观点。

## 参考文献

[1]倪加勋.调查概论[M].北京:中国财政经济出版社,2004,7.

[2]金勇进,杜子芳,蒋妍.抽样技术[M].中国人民大学统计出版社,2015,7.

[3]李金昌.应用抽样技术[M].科学出版社,2007,8.

[4]道格拉斯 A.林德,等.商务与经济统计方法[M].冯燕奇,等,译.北京:机械工业出版社,2009,6.

[5]蒋志华.市场调查与预测[M].北京:中国统计出版社,2009,2.

[6]杜子芳.市场调查实务[M].北京:中国财政经济出版社,2004,7.

[7]郭强.调查实战指南[M].北京:中国时代经济出版社,2004,1.

[8]风笑天.社会调查中的问卷设计[M].天津:天津人民出版社,2002,1.

[9]朱胜.市场调查方法与应用[M].北京:中国统计出版社,2016,4.

[10]统计应用文写作[M].北京:中国统计出版社,2014,7.

[11]刘葆金.经济应用文写作[M].2版.南京:东南大学出版社,2011,11.

[12]钟勤建,钟沛然.统计应用写作[M].北京:中国统计出版社,1995,10.

[13]谢启南.调查报告写作[M].北京:中国财政经济出版社,2005,11.

[14]何晓群.多元统计分析[M].北京:中国人民大学出版社,2015,4.

[15]薛微.统计分析与 Spss 的应用[M].北京:中国人民大学出版社,2014,8.

[16]陈斌,高彦梅.Excel 在统计分析中的应用[M].北京:清华大学出版社,2016,9.